迈向融合创新之路
——基础教育数字化融合指数研究

曹培杰 著

图书在版编目(CIP)数据
迈向融合创新之路：基础教育数字化融合指数研究／曹培杰著. -- 重庆：西南大学出版社, 2024.12.
ISBN 978-7-5697-2848-4
Ⅰ. G639.2-39
中国国家版本馆CIP数据核字第2024D1B342号

迈向融合创新之路——基础教育数字化融合指数研究
MAIXIANG RONGHE CHUANGXIN ZHI LU ——JICHU JIAOYU SHUZIHUA RONGHE ZHISHU YANJIU

曹培杰　著

责任编辑	张丽娜
责任校对	曹园妹
装帧设计	起源设计
排　　版	杨建华
出版发行	西南大学出版社（原西南师范大学出版社）
	地址：重庆市北碚区天生路2号
	邮编：400715
	电话：023-68868624
印　　刷	重庆紫石东南印务有限公司
成品尺寸	148 mm×210 mm
印　　张	5.5
字　　数	129千字
版　　次	2024年12月 第1版
印　　次	2024年12月 第1次印刷
书　　号	ISBN 978-7-5697-2848-4
定　　价	28.00元

目录

第一章　绪论
　　一、研究背景 ·· 001
　　二、研究目标 ·· 006
　　三、研究内容 ·· 007
　　四、研究思路与研究方法 ······················· 009

第二章　文献综述
　　一、核心概念界定 ································· 013
　　二、教育数字化评估模型 ······················· 017
　　三、教育数字化评估指标 ······················· 025
　　四、教育数字化评估方法 ······················· 036

第三章　基础教育数字化评估模型框架设计
　　一、评估模型的选择 ····························· 039
　　二、评估模型框架设计原则 ··················· 042
　　三、评估模型框架的初始设计 ················ 043
　　四、评估指标的筛选与调整 ··················· 044
　　五、最终评估框架的构建 ······················· 045

第四章　基础教育数字化融合指数的建构
　　一、研究设计 ·· 047
　　二、评估模型的估计 ····························· 049

三、评估模型的拟合分析 ……………………………………………055
　　四、整体模型的信度检验 ……………………………………………057
　　五、指标权重测算 ……………………………………………………058

第五章　基础教育数字化融合指数实证分析
　　一、样本选择 …………………………………………………………064
　　二、研究方法 …………………………………………………………065
　　三、我国基础教育数字化总体处于基本融合阶段 …………………066
　　四、基础教育数字化融合指数各维度的得分情况分析 ……………068
　　五、各地区基础教育数字化融合情况 ………………………………083
　　六、小学在基本融合阶段中的融合指数得分最高 …………………101
　　七、不同地区学校的教育数字化融合指数情况分析 ………………108
　　八、讨论与建议 ………………………………………………………119

第六章　技术赋能学生数字素养的关联分析
　　一、数字素养是数字时代学生的必备素养 …………………………131
　　二、研究假设与数据 …………………………………………………133
　　三、模型构建与实证分析 ……………………………………………141
　　四、讨论 ………………………………………………………………148
　　五、发展学生数字素养的建议 ………………………………………151

第七章　基础教育数字化转型路径探析
　　一、新型学习环境：从基础设施建设到学习场景构建 ……………156
　　二、新型教学模式：从统一化标准教学到规模化因材施教 ………157
　　三、新型教育治理：从单向行政管理到多元协商共治 ……………159

参考文献

第一章 绪论

目前,我国基础教育数字化正从大规模基础建设迈向深层次教育应用。原有注重基础设施或简单应用的评估标准,和当前强调深度融合、结构转型的教育数字化实践之间,存在明显的脱节现象。用"过去"的标准,评估"现在"的实践,却又要让教育数字化走向"未来",这显然是难以实现的。因此,建立面向深度融合和结构转型的基础教育数字化新型评价体系是现实需要。

一、研究背景

目前,教育数字化已成为世界各国推进教育改革发展的共同选择。2022年9月,联合国教育变革峰会提出《确保和提高全民公共数字化学习质量行动倡议》,帮助各国加强数字化学习平台建设,推动教育数字化转型。联合国教科文组织在《反思教育:向"全球共同利益"的理念转变?》中提出,当前的教育格局变化可以同19世纪出现的从传统的工业革命前教育模式向工厂模式的历史性过渡相提并论。[1]

美国每隔四或五年更新发布一次《国家教育技术计划》,系统地推进

---

[1] 联合国教科文组织.反思教育:向"全球共同利益"的理念转变?[M].联合国教科文组织总部中文科,译.北京:教育科学出版社,2017:47.

教育数字化的转型。2017年初发布的《美国国家教育技术计划》(高等教育版)从信息技术充分融合教育的角度,对推进技术支持教学、开展个性化学习、提升教育数字化领导力、实施针对性评价进行了全面规划。

日本于2016年提出了"社会5.0"(Society 5.0)的战略目标。"社会5.0"是虚拟空间和物理空间高度融合的社会系统,能够超越年龄、性别、地区、语言等差异,为多样化和潜在的社会需求提供必要的物质与服务,让所有人都能享受到舒适且充满活力的高质量生活。为了早日实现"社会5.0"的战略目标,日本推出以全面改善教育数字化基础设施环境为目的的"五年计划"(2018—2022),强调运用人工智能等新技术,建设"社会5.0"时代的学校教育数字化环境,提高学生的数字素养,促进个性化学习,培养学生形成合作意识,以及发现与解决问题等能力。

印度早在2015年就推出了"数字印度"战略,旨在从数字基础设施建设、数字化政府服务和公民数字教育3个方面,推动印度成为数字赋能社会和知识经济体。

欧盟委员会在2020年9月发布《数字教育行动计划(2021—2027)》,提出应高度重视数字技术在促进社会和教育变革中的作用,倡导开发欧洲数字教育内容框架,制定欧洲数字技能证书(European Digital Skills Certificate),建立欧洲数字教育中心,促进资源和经验的广泛共享。由此可见,加快推进教育数字化转型已经成为全球教育发展的重要趋势。

近几十年来,我国教育总体上经历了教育信息化1.0阶段和教育信息化2.0阶段,为教育数字化转型奠定了坚实的基础。在教育信息化1.0阶段,我国相继印发《关于在中小学实施"校校通"工程的通知》《国家中长期教育改革和发展规划纲要(2010—2020年)》《教育信息化十年发展规划(2011—2020年)》《国务院关于积极推进"互联网+"行动的指导意见》《教育信息化"十三五"规划》等政策文件,大力推动教育信息化发展。在基础环境建设方面,实施"校校通"工程、农村中小学现代远程教育工程、"三通两平台"、教学点数字教育资源全覆盖、数字校园建设等重点行动,大部分学校陆续接入互联网,并逐步配备信息化终端设备,信息化基础环境不断完善。在教学应用方面,开展"一师一优课、一课一名师"活动、教师信息技术应用能力提升工程、国家级精品资源共享课程等,教师的信息技术应用能力得到大幅提升,教育信息技术应用逐渐普及。

从2018年到2021年,信息技术从普及应用走向融合创新,我国相继出台了《教育信息化2.0行动计划》《中国教育现代化2035》《关于推进教育新型基础设施建设构建高质量教育支撑体系的指导意见》等政策文件,深入推进数字资源服务普及、数字校园规范建设、网络学习空间覆盖、教育治理能力优化、智慧教育示范区建设,初步形成信息技术与教育融合生态。在基础环境建设方面,数字校园建设覆盖全体学校,引入"平台+教育"服务模式,整合各级、各类教育资源公共服务平台和支持系统。在教学应用方面,稳步推进"三全两高一大",基本实现教学应用覆盖全体教师、学习应用覆盖全体学生,信息化应用水平和师生信息素养普遍提高。

数字技术的快速发展,衍生出教育变革和创新的新要求——教育数字化,从教育信息化到教育数字化是个战略转变,要实现数字化转型,教育应与数字技术深度融合,将数字技术有机地融入教育教学的全过程,创新教育范式，重塑教育形态，以此培养适应未来社会需求的时代新人。

2022年1月，国家教育数字化战略启动实施以来，秉持着联结（Connection）为先、内容（Content）为本、合作（Cooperation）为要的"3C"理念和集成化（Integrated）、智能化（Intelligent）、国际化（International）的"3I"方向引领，集成线上国家智慧教育公共服务平台，以数字资源和教育数据为新生产要素，深化应用、优化治理、强化服务，立足助学、助教、助管、助研、助交流合作五大功能，着力发展公平包容、更有质量、适合人人、绿色发展、开放合作的数字化教育。

2023年2月，中共中央、国务院印发《数字中国建设整体布局规划》，从党和国家事业发展的全局及战略高度，提出新时代数字中国建设的顶层设计和整体规划，夯实数字中国建设基础，推进数字技术与经济、政治、文化、社会、生态文明建设"五位一体"深度融合，明确将数字教育纳入数字中国建设的整体布局，大力实施国家教育数字化战略行动，完善国家智慧教育平台。

2023年5月，习近平总书记在中共中央政治局第五次集体学习上明确指出，教育数字化是我国开辟教育发展新赛道和塑造教育发展新优势的重要突破口。进一步推进数字教育，为个性化学习、终身学习、扩大优质教育资源覆盖面和教育现代化提供有效支撑。

中共中央、国务院印发的《教育强国建设规划纲要（2024—2035年）》中明确提出，实施国家教育数字化战略。坚持应用导向、治理为基，推动集成化、智能化、国际化，建强用好国家智慧教育公共服务平台，建立横纵贯通、协同服务的数字教育体系。开发新型数字教育资源。建好国家教育大数据中心，搭建教育专网和算力共享网络。推进智慧校园建设，探索数字赋能大规模因材施教、创新性教学的有效途径，主动适应学习方式变革。

评估事关教育数字化的发展方向，有什么样的"指挥棒"，就有什么样的改革导向。教育数字化评估主要是采用科学的方法对其发展现状进行评估，发现问题并提出对策，以促进教育数字化的持续健康发展。目前，由于世界各国教育数字化发展程度不同，国际上并没有形成一个普遍、通用的教育数字化评估标准，现阶段针对教育数字化的研究主要聚焦在以下两方面：

一方面，教育数字化的评估指标研究。美国的 STaR（School Technology and Readiness）评估量表、英国的 SRF（Self-Review Framework）自我评估框架、泛加拿大教育评估项目 PCEIP（The Pan-Canadian Education Indicators Program）等都涉及硬件和网络连通性、信息化使用能力、数字资源开发应用等方面的指标；韩国则侧重于教育数字化的满意度指数。华中师范大学提出的教育信息化指标体系包括基础设施建设、信息化教学资源、教与学应用、管理信息化、政策保障等内容。中国教育科学研究院构建了全球数字教育发展指数，包括数字素养提升、教育体系构建、教育制度创新、教育内容重构、教学变革、教育治理升级等6个一级维度、18个二级维度、25个具体评估指标。

另一方面，教育数字化的评估方法研究。基础教育数字化评估属于多指标的综合评估，需要通过数学模型或算法将多个评价指标值组合成一个综合的评估结果，包括指标权重确定方法和评估算法。在指标权重确定方面,最初的基础教育数字化评估大多是"拍脑袋"决定权重,而更多严谨的评估方法在这些年开始受到高度重视。层次分析法、模糊综合评价法、主成分分析法、结构方程模型、综合指数法、因子分析法等是被广泛应用的评估方法。为了使实际评估结果更加可靠,许多学者提出了对若干种综合评估方法进行再组合的思路。

目前,基础教育数字化评估的研究渐趋深入,已经形成了较为成熟的理论模型、指标体系和评估方法,但仍存在以下不足:第一,受时代限制,现有的评估大多停留在"基础建设"或"简单应用"层面,对"深度融合"层面关注不够,忽略了数字化对教育系统变革的影响。第二,现有的评估指标往往侧重于基础教育数字化的基础设施、简单应用等方面,缺少对智能学习环境、新型教与学方式等方面的关注。第三,大多数研究取样较小,缺少大量数据的支撑,无法对基础教育数字化整体发展水平进行科学预测,对教育决策和政策改进的贡献很小。这些问题已经成为影响我国基础教育数字化向纵深发展的主要瓶颈。基于以上研究背景及存在的问题,建立面向深度融合和结构转型的评估指标体系,是新时期基础教育数字化发展的迫切需求。

二、研究目标

在国家教育数字化战略目标的引领下,构建基础教育数字化融合指数的理论模型和测算方法,科学评估基础教育数字化的融合水平,提出针对性的改进策略,推动数字技术深度融入教育教学的全过程,助力教育服务供给模式的升级和教育现代化水平的提升。具体如下:

第一,从"深度融合"和"结构转型"视角出发,构建新型评估指标体系,引导基础教育数字化转型,符合国家教育数字化战略要求。

第二,建立基础教育数字化的"融合指数",整合主观性评估和客观性评估的差别优势,弥合现有指标在易得性和系统性之间的分歧,丰富教育数字化评估的理论与方法。

第三,通过大样本采样调查,形成我国基础教育数字化融合情况的"大数据",为教育科学决策提供参考,推动教育治理体系和治理能力的现代化。

三、研究内容

(一)国内外基础教育数字化评估相关研究梳理

对国内外的相关研究成果主要围绕以下三个方面进行梳理分析。第一,发展理念。我国基础教育数字化的核心要从基础建设转向广泛应用,并逐渐进入"以解决实际问题应用和促进人的发展"的新阶段,推动教育体系的结构性变革。第二,评估指标。美国、英国、加拿大等关于教育数字化评估都涉及硬件和网络连通性、信息化使用能力、数字资源开发应用等。韩国侧重于教育数字化的满意度指数。第三,评估方法。大多采用专家咨询法、层次分析法、理论推演法等主观评估方法来进行评估,也有采用秩和运算法、主成分分析法等客观赋权法或定性和定量相结合的组合赋权法来进行评估。

(二)基础教育数字化融合指数指标体系设计

在借鉴国内外相关研究成果的基础上,首先,以CIPP模型,即背景评价(Context evaluation)、输入评价(Input evaluation)、过程评价(Process evaluation)、成果评价(Product evaluation)为评估框架,提出基础教育数字化融合指数的初步模型,包括政策与环境、资源与能力、教与学方式、教育数字化效益等4个维度的28个评估指标。其次,通过与一线校长或教师代表访谈、专家咨询会议、小范围预调查等方式,对初步模型进行完善,优化指标体系。最后,参照理论模型编制基础教育数字化调查问卷,选取学校进行测试,并根据测试结果对指标进行微调,最终形成包括智能学习环境、师生数字素养、数字化教学方式、教育数字化效益等4个维度的14个评估指标的基础教育数字化融合指数指标体系。

(三)融合创新视角下基础教育数字化评估模型建构

以基础教育数字化融合指数指标体系为依据,编制中小学教育数字化融合度调查问卷。通过网络问卷的方式,以中小学校管理者(校长、分管副校长、信息中心主任等)为研究对象,发放并回收605份有效问卷。通过数据预处理、模型假设和参数估算等,依据验证性因素分析模型的基本适配检验准则,进一步对模型拟合指标进行适配度分析,确保基础教育数字化融合指数模型的拟合情况良好。同时,根据因子载荷确定模型中各指标权重,采用简单线性加权法得到融合指数的计算公式和4个维度分值的计算公式。

（四）我国基础教育数字化融合指数实证研究

根据目的性抽样原则，分别从我国东北、华东、华北、华中、华南、西南、西北等七大区域，选取具有代表性的12个地区，通过网络问卷的方式进行调查，共获得2505所中小学校的有效数据。首先，按融合指数得分高低将基础教育数字化融合程度划分为3个阶段：融合指数得分低于50分为初步融合阶段，融合指数得分高于或等于50分且低于80分为基本融合阶段，融合指数得分高于或等于80分为深度融合阶段。其次，以此等级划分为标准，对我国基础教育数字化融合程度进行分析。最后，采用平均离差、极差、标准差、极差率和变异系数对不同地区和学校的教育数字化融合情况进行对比分析。

四、研究思路与研究方法

（一）研究思路

首先，本研究综合运用教育学原理、教育技术学、教育统计学等相关学科的理论知识，采用理论演绎、指标制定、模型构建、实证研究等相结合的方法，通过文献研究和理论演绎，对基础教育数字化评估的内容、方法、机制及其成效进行文献调研和国际比较，并提出科学问题。其次，遵循敏感性、易得性和可比性的原则，遴选基础教育数字化融合水平的评估指标，邀请相关专家进行咨询和论证，形成评估指标体系初稿。再次，参照相关教育统计数据，根据情况进行补充性调查，对所得数据进行分析，确定影响基础教育数字化融合水平的关键因素。从次，建立结构方程模型，进行因子分析，确定指标权重分配，形成我国基础教育数字化融合水平的综合评估模型。最后,在我国东部、中部、西部各选取代表地区进行较大样本的问卷调查,用实证数据测算我国基础教育数字化的融合水平,探寻区域发展差异的原因,为教育决策和政策改进提供依据。

(二)研究方法

1. 德尔菲法

德尔菲法也称专家调查法,是一种通过给专家发放加权咨询表,在收集专家意见的基础上进行统计处理,最终确定指标权重的方法。该方法通过对一些无法定量分析的因素进行概率估算,并告诉专家概率估算结果,使分散的评估意见逐次收敛,得出较统一的结论。

本研究通过专家咨询的方式,对前期筛选出来的基础教育数字化评估指标进行论证,剔除相关度低的指标,保留相关度高的指标,将"政策与环境""资源与能力"分别修改为"智能学习环境""师生数字素养",整合"教育数字化发展规划""数字教育资源建设""开通和使用网络学习空间的情况"等指标。将相关内容融入数字化教学方式,删除"学校宽带""多媒体教室"等指标,增加"无线网络覆盖""智能教室""生均智能终端"等指标。凸显新型基础教育建设的数字化、智能化趋势,初步形成基础教育数字化融合指数的评估指标体系。

2. 建模法

建模法是一种通过寻找变量间内在的结构关系,验证某种结构关系或模型假设是否合理,同时估计测量过程中指标变量的测量误差及评估测量的信度与效度的方法。这种方法整合了路径分析、验证性因素分析与一般统计检验方法。可分析变量之间的相互因果关系,包括了因子分析与路径分析的优点,同时,又弥补了因子分析的缺点,考虑到了误差因素,不受路径分析的假设条件限制。一般流程包括:(1)模型设定,即根据一定的理论或假设来设定理论模型,形成一个关于一组变量之间相互关系的模型,用路径图等工具建立具体的因果模型。(2)模型识别,即决定模型是否能够识别出参数,如果模型无法识别,则无法得到各个自由参数的唯一估计值。(3)模型估计,结构方程模型最常用的估计方法是最大似然法和偏最小二乘法。(4)模型评价,在已有的证据与理论范围内,考查所提出的模型拟合样本数据的程度。(5)模型修正,如果拟合不好,需要对模型中的参数进行修改,通过参数的再设定提高模型的拟合程度,重复上述步骤直到获得可以接受的模型拟合度。

本研究利用结构方程模型,处理基础教育数字化评估中观察变量和潜变量之间的关系,验证模型拟合度,根据因子负荷确定智能学习环境、师生数字素养、数字化教学方式、教育数字化效益等4个维度的权重分配,形成基础教育数字化融合指数的测算方法。

3.问卷调查法

问卷调查法是教育研究中常用的方法,通过有效地问答方式,实现对宏观世界中复杂现象或问题的精确把握,为解决问题、改进现状、谋划未来提供现实依据。一般情况下,是研究者依照标准化的程序,把问卷分发给相关人员填写,然后对问卷回收整理,并进行统计分析,从而得出结果的研究方法。

本研究依据目的性抽样原则,对选取的12个地区的2505所中小学校进行问卷调查,采用因子分析法、差异分析法等方法,计算基础教育数字化融合指数得分,并对不同地区和学校的教育数字化融合情况进行差异分析,进一步明确基础教育数字化发展的典型特征。

第二章 文献综述

一、核心概念界定

基础教育数字化融合指数研究主要涉及3个核心概念,分别是教育数字化、基础教育数字化评估和数字技术与教育教学深度融合。

(一)教育数字化

教育数字化是教育改革发展的重要组成部分,是教育链、科技链、人才链的战略交汇点,对建设教育强国、推进教育现代化具有重要意义。教育数字化不仅是对教育的赋能,更是对教育的变革和重塑。[1]学者们对教育数字化进行了界定,代表性观点有:杨宗凯认为,教育数字化是通过彻底和全面的数字化转型,形成数据驱动、人技结合、跨界开放的教育生态,构建更加敏捷、适切、公平、可持续的教育体系,为学习者提供全面和丰富的学习体验。[2]祝智庭、胡姣认为,教育数字化转型是一种划时代的系统性教育创变过程,是将数字技术整合到教育领域的各个层面,推动教育组织转变教学范式、组织架构、教学过程、评价方式等全方位的创新与变革,从供给驱动变为需求驱动,实现教育优质公平与支持终身

---
[1] 袁振国.教育数字化转型:转什么,怎么转[J].华东师范大学学报(教育科学版),2023,41(3):1.
[2] 杨宗凯.高等教育数字化发展:内涵、阶段与实施路径[J].中国高等教育,2023(2):16.

学习，从而形成具有开放性、适应性、柔韧性、永续性的良好教育生态。[①]刘邦奇等学者认为，教育数字化转型是利用数字技术改进教育手段、优化教育方式、重塑教育形态的系统性变革与整体性发展，兼具产业数字化转型一般特点与教育生态特有的复杂属性。[②]

在本研究中，教育数字化指的是面向未来社会的人才培养需要，发挥人工智能、大数据、云计算、区块链等数字技术优势，推动教育理念更新、模式变革、体系重构，构建以学习者为中心的教育新生态的过程，进而支撑教育强国的建设和引领教育现代化的发展。

（二）基础教育数字化评估

教育评估通常是根据一定的目标和标准，采用科学的态度和方法，对教育现象的相关数据进行收集并分析，以便准确了解教育发展情况，进行质和量的价值判断。教育数字化评估是教育数字化推进的重要抓手。从20世纪80年代起，我国针对教育信息化工作开展了不同类型的诊断性评估、形成性评估和总结性评估。2018年4月，教育部印发的《教育信息化2.0行动计划》中提出，全面开展面向区域教育信息化的督导评估和第三方评测，提升各地区和各级、各类学校发展教育信息化的效率、效果和效益。国家教育数字化战略启动实施以来，教育部高度重视教育数字化评估工作，委托中国教育科学研究院研制了国家智慧教育公共服务平台应用标准，构建了包括广泛联结、融合创新、机制保障、素养提升

---

① 祝智庭,胡姣.教育数字化转型的本质探析与研究展望[J].中国电化教育,2022(4):4.
② 刘邦奇,胡健,袁婷婷,等.教育数字基座赋能数字化转型：内涵、框架及典型场景[J].开放教育研究,2023,29(6):101.

等4个一级维度、12个二级维度、35个观测点的评估指标体系,并在全国范围内开展了典型案例遴选工作。2024年11月,教育部组织开展教育数字化战略行动三年总结评估摸底调研,全面了解各地在平台互联互通、资源共享建设、人工智能赋能教育等方面取得的成效及存在的问题。顾小清等学者认为,区域教育信息化评估是利用评估指标模型,对该区域在一定时期内的教育信息化发展现状进行描述,反映所取得的成效,以及在教育信息化投资方面存在的有待改进之处,从而为进一步的规划与发展提供策略建议。[1]张晨婧仔等学者认为,教育数字化评估是评估人员依据一定的评估标准,在全面、系统、科学地搜集、整理、处理和分析教育数字化各要素的基础上,对教育数字化中各构成要素的价值做出综合判断的动态过程,其目的在于充分优化教育数字化过程,提高教育质量。[2]吴砥等学者认为,教育信息化评估可以量化反映教育信息化规划的落实情况、教育信息化政策的实施效果以及信息技术对教育的实际提升作用,从而发掘推进过程中存在的问题,为下一阶段制定有针对性的战略规划和科学调配资源提供重要依据。[3]

在本研究中,基础教育数字化评估是一项系统工程,既要重视对教育新型基础设施建设水平、数字教育资源开发程度的评估,更要重视对教与学方式变革、师生数字素养提升、教育数字化发展效益的评估,从而

---

[1] 顾小清,林阳,祝智庭.区域教育信息化效益评估模型构建[J].中国电化教育,2007(5):27.
[2] 张晨婧仔,王瑛,汪晓东,等.国内外教育信息化评价的政策比较、发展趋势与启示[J].远程教育杂志,2015,33(4):23.
[3] 吴砥,余丽芹,李枞枞,等.发达国家教育信息化政策的推进路径及启示[J].电化教育研究,2017,38(9):5-13.

形成对数字技术与教育教学融合发展情况的客观判断。

(三)数字技术与教育教学深度融合

在教育信息化迈向教育数字化的进程中,我国基础教育数字化先后经历了"信息技术教学应用"和"信息技术与课程整合"的发展阶段。目前,正迈向"数字技术与教育教学融合创新发展"的新阶段。2012年3月,教育部印发了《教育信息化十年发展规划(2011—2020年)》,首次提出"信息技术与教育教学深度融合"的发展理念,并将"深度融合,引领创新"作为推进教育信息化的基本方针。2018年4月,教育部印发的《教育信息化2.0行动计划》中强调,坚持信息技术与教育教学深度融合的核心理念,要发挥技术优势,变革传统模式,推进新技术与教育教学的深度融合,真正实现从融合应用阶段迈入创新发展阶段,不仅实现常态化应用,更要达成全方位创新。2024年1月,怀进鹏部长在2024世界数字教育大会上发表主旨演讲,强调要实施人工智能赋能行动,促进智能技术与教育教学(AI for Education)、科学研究(AI for Science)、社会(AI for Society)的深度融合,为学习型社会、智能教育和数字技术发展提供有效的行动支撑。可见,推进数字技术与教育教学的深度融合,是当前基础教育数字化的重要任务。

杨宗凯等学者提出,信息技术与教育的融合经历了"起步"、"应用"、"整合"和"创新"4个阶段。其中,在"整合"阶段,主要体现在促进教师专业能力的发展和基于信息化环境的教学方法创新。在"创新"阶段,信息技术全面融入教育教学,主要体现在信息技术开始改变教学模式、重构学校的组织结构。[1]余胜泉认为,既要从教育看技术,同时也要从技术看教育,推动信息技术与教育的双向融合创新。[2]这种融合是自然柔和的,是弥漫的、无处不在的,是主客一体化的,目的是推动形成创新性的教育体系。周洪宇认为,信息技术与教育教学的深度融合,不是点缀式、浅表化的技术应用,而是信息技术与教育教学的相互促进。[3]国内外教育数字化转型实践证明,数字技术应用于教育教学,不能只是停留在运用技术去改善"教与学环境"或"教与学方式"的层面上,而是应该在此基础上,推进教育教学的全流程再造,进一步实现教育系统的结构性变革。

在本研究中,数字技术与教育教学深度融合就是立足基础教育的基点定位,着力改变数字技术游离于教育教学之外的情况,不再把数字技术当作教育教学的辅助工具或简单手段,而是当作教育系统的内在要素和活性因子,以数字化引领教育业务流程再造、教学方式重构和教育形态重塑。

二、教育数字化评估模型

科学的理论模型是教育数字化评估的基础前提。目前,国际教育数字化评估的常用模型包括CIPP模型、软件能力成熟度模型、信息化阶段模型和竞争力模型。我国学者在此基础上,改进形成了区域教育信息化

---

[1] 杨宗凯,杨浩,吴砥,等.论信息技术与当代教育的深度融合[J].教育研究,2014,35(3):88-89.
[2] 余胜泉.推进技术与教育的双向融合:《教育信息化十年发展规划(2011—2020年)》解读[J].中国电化教育,2012(5):5.
[3] 周洪宇.信息技术与教育深度融合的政策建议[J].人民教育,2014(7):11.

效益评估模型[1]、教育信息化指数[2]、教育数字化转型成熟度模型[3]等。

（一）CIPP模型

美国学者斯塔弗尔比姆(Stufflebeam, D. L.)在反思泰勒行为目标模式不足的基础上提出了CIPP模型(又称为"决策导向或改良导向评价模式")。该模型的基本观点是"评价最重要的目的不在证明,而在改进",它主张评价是一项系统工具,为评价听取人提供有用信息,使得方案更具成效。[4]

CIPP模型以发展为宗旨,适用于长期开展并希望获得可持续性改进的项目。目前,许多学者在参考CIPP模型的基础上,开展了不同类型的教育数字化评估研究。如祝新宇等学者基于CIPP模型建构了包括建设、联通、应用、管理和效益五大维度的义务教育阶段学校信息化发展状况监测指标体系的理论框架。其中,建设维度包括经费投入、基础设施、标准、教育信息化标准体系;联通维度包括校校通、班班通、人人通;应用维度包括信息化教学和信息化管理;管理维度包括学校信息化规划设计、学校信息化服务水平、信息安全保障体系;效益维度包括学生发展、教师发展、学校发展。[5]谢娟等学者基于CIPP模型建构了翻转课堂教学评价体系,包括环境基础、资源配置、实施过程和教学绩效4个一级指

---

[1] 顾小清,林阳,祝智庭.区域教育信息化效益评估模型构建[J].中国电化教育,2007(5):23.
[2] 吴砥,邢单霞,阳小,等.教育信息化指数构建及应用研究[J].电化教育研究,2020,41(1):53.
[3] 吴永和,许秋璇,王珠珠.教育数字化转型成熟度模型研究[J].华东师范大学学报(教育科学版),2023,41(3):26.
[4] 肖远军.CIPP教育评价模式探析[J].教育科学,2003,19(3):44.
[5] 祝新宇,曾天山.义务教育学校信息化发展状况监测指标研究[J].中国电化教育,2018(9):58.

标,以及12个二级指标和54个三级指标。该评价体系能够实现多个评价主体参与、多种评价方式整合、多项评价过程统一,为客观衡量和科学审视翻转课堂教学质量、优化翻转课堂教学资源设计与配置、改进翻转课堂教学策略提供参考。[①]苏珊等学者基于CIPP模型,构建了高等教育数字化转型实践案例的分析理论框架,对典型高校案例进行分析,发现高校数字化转型实践过程是在数字化领导力引领下的改进或创新教学运营模式和学习模式,并通过深挖数据价值,逐步实现更包容、更有效、更深入的教学过程。[②]

(二)软件能力成熟度模型

软件能力成熟度模型(Capability Maturity Model,简称CMM)是国际上流行的软件生产过程标准和软件企业成熟度等级评估标准,最初由美国卡内基梅隆大学软件工程研究所提出,主要用于评估软件开发过程的不同等级。CMM模型可以分为5个层级:初始级(Initial),软件开发随意性强,很少有经过定义的流程;重复级(Repeatable),制定开发计划并预测软件功能,建立基本的项目管理流程;可定义级(Defined),软件开发中的管理和工程行为都已经文件化、标准化,并整合为企业的软件开发标准流程;可管理级(Managed),软件开发和产品质量的详细信息都有集中记录,这些质量问题都是可预见和可控的;优化级(Optimizing),通

[①] 谢娟,张婷,程凤农.基于CIPP的翻转课堂教学评价体系构建[J].现代远程教育研究,2017(5):95.
[②] 苏珊,马志强.高等教育数字化转型的国际经验:基于CIPP模型的实践案例[J].中国教育信息化,2022,28(8):18.

过反馈和吸收创新思想,软件开发流程得以持续改进完善。[1]CMM模型不仅应用于软件开发领域,在组织管理、项目运营、人力资源、系统工程等领域也有较为普遍的应用,并取得了良好的评估效果。

教育数字化面临的复杂情况与软件系统开发过程有许多相通之处,也是要经历一个从低级到高级、从凌乱到有序、从量变到质变的过程。近几年,有学者开始借鉴CMM模型开展教育数字化评估。新西兰学者Marshall对高校实施数字化学习的能力和水平进行了成熟度定义,包括10个学习过程、6个开发过程、11个合作过程、7个评估过程、9个组织过程。[2]蒋东兴等学者结合高校智慧校园的特点建立了高校智慧校园成熟度模型,从智慧类技术应用情况、智慧型应用开展情况和智慧型业务融合情况3个维度进行评价,将智慧校园建设与发展状态划分为4个阶段:萌芽阶段、集成阶段、融合阶段和创新阶段。其中,萌芽阶段,高校信息化总体上仍处于数字校园建设阶段,没有成型的智慧校园整体建设方案,部分智慧类技术在个别业务领域得到应用,应用之间没有有机联系,处于孤立状态;集成阶段,智慧校园建设由自发状态进入自觉状态,在多个业务领域有多种智慧类技术得到规模化应用,开始进行集成与整合;融合阶段,通过总体规划统筹推进,学校开始智慧校园的全面建设,智慧类技术在学校的各个业务领域得到了深度应用,信息技术与教育教学业务不断融合,智慧型应用已经成为学校信息化的主流应用;创新阶段,智

---

[1] 林永毅,李敏强.企业业务流程管理成熟度模型研究[J].现代管理科学,2008(7):93.
[2] MARSHALLS, MITCHELL G. An E- Learning Maturity Model[C]//Proceedings of the 19th Annual Conference of the Australian Society for Computers in Learning in Tertiary Education, Auckland, New Zealand, 2002:3-7.

慧类技术得到普遍而深入的应用,技术与学校各项业务实现深度融合,学校的教育教学模式、科研协作模式、管理决策模式都在智慧型应用的支撑下发生了重大变革与创新。[1]万力勇等学者将教育数字化转型成熟度逐级划分为3个基本维度和8个关键过程域一级指标。3个基本维度包括数字化就绪度、数字化实践度和数字化贡献度。8个关键过程域一级指标包括数字化转型战略与规划、数字化基础设施、师生数字素养、数字化组织与生态、教学数字化、人才培养数字化、管理与服务数字化、数字化绩效等,同时将8个关键过程域一级指标进一步细化为30个二级指标。然后,将教育数字化转型成熟度界定为初始级、成长级、提升级、创新级和成熟级5个级别,构建教育数字化转型成熟度模型。[2]钟志贤等学者认为,构建教育数字化转型成熟度模型有助于建立一种"可持续改进"的文化,以有效推进教育数字化转型发展。在分析国内外教育数字化转型成熟度模型研究现状的基础上,提出了构建我国教育数字化转型成熟度评估模型的五大思考维度:中国之问、价值旨归、核心理念、动态思维和理论模型。[3]

(三)信息化阶段模型

信息化阶段模型脱胎于成熟度模型,但又有不一样的应用范围。信

---

[1] 蒋东兴,吴海燕,袁芳,等.高校智慧校园成熟度模型与评价指标体系研究[J].郑州大学学报(工学版),2017,38(2):2-3.
[2] 万力勇,范福兰.教育数字化转型成熟度模型的构建与应用[J].远程教育杂志,2023,41(2):6,9.
[3] 钟志贤,卢洪艳,张义,等.教育数字化转型成熟度模型研究:基于国内外文献的系统性分析[J].电化教育研究,2023,44(6):29.

息化阶段模型强调信息系统的进化阶段,而成熟度模型侧重于软件开发过程中的管理和工程能力的评估。美国哈佛大学理查德·诺兰(Richard L. Nolan)通过对200多家公司发展信息系统的实践和经验的总结,提出了著名的信息系统进化的阶段模型,即诺兰模型。该模型把信息系统发展划分为6个阶段:初装阶段、蔓延阶段、控制阶段、集成阶段、数据管理阶段和成熟阶段。[1]但是,实践证明,将集成和数据管理分割为两个阶段是不可取的,集成阶段的重要任务就是做好数据的组织管理,或者说信息系统集成的本质就是数据的整合。[2]

2005年,联合国教科文组织对亚太地区的教育信息化发展阶段进行了划分,提出了信息技术与教育教学融合发展的四阶段论,包括起步阶段(Emerging stage)、应用阶段(Applying stage)、融合阶段(Integrating stage)、创新阶段(Transforming stage)。在此基础上,杨宗凯等学者分析了我国信息技术与教育教学融合发展的实际状况。在起步阶段,技术只是作为一种辅助工具协助教师进行课堂教学,并没有在学校的教育和管理中得到广泛接受和使用;在应用阶段,教师普遍使用技术来改变教学方法,提升教学质量和提高管理效率;在融合阶段,技术与教育教学融合主要体现在促进教师专业能力发展和教学方法创新;在创新阶段,技术全面融入教育教学,开始改变教学模式、重构学校组织结构。[3]祝智庭等学者将教育数字化转型划分为认知阶段、起步阶段、进阶阶段、优化阶

---

[1] 王良元.诺兰模型与企业信息化三段理论[J].科技与管理,2009,11(1):35-36.
[2] 郑凯,聂瑞华.基于诺兰模型的高校信息化发展现状及趋势分析[J].中国教育信息化,2009(21):14.
[3] 杨宗凯,杨浩,吴砥,等.论信息技术与当代教育的深度融合[J].教育研究,2014,35(3):88-89.

段和成熟阶段5个阶段。在认知阶段，教育组织意识到数字化转型的重要性，但尚未着手转型行动或还未具备转型能力；在起步阶段，教育组织开始逐渐推动转型进程，并进行初步探索验证；在进阶阶段，教育组织总体明确转型路径，并在转型实践方面已积累了一定经验；在优化阶段，教育组织基本能够实现技术与教育的深度融合；在成熟阶段，教育组织将完成全面数字化转型，技术与教育将实现全面融合，并达到数字化成熟的高级形态。[①]

（四）竞争力模型

教育数字化竞争力是衡量或反映一个国家教育数字化整体可持续发展的综合竞争能力。郁晓华等学者在国际比较的基础上提出了教育信息化竞争力的指标模型，包括基础设施、应用环境、应用能力、整合成效和发展前景5个维度的评估指标，并将这些指标与国际组织的信息化指数进行了映射，以此来分析我国教育信息化竞争力的现状与问题。其中，基础设施主要是衡量一个国家利用信息和通信技术获得好处的准备和容量情况，使用了世界经济论坛和国际贸易中心联合发布的网络准备指数（Networked Readiness Index），该指数由网络使用指标和网络支撑指标构成；应用环境主要是衡量世界各国和地区的电子化准备程度，使用了由世界著名市场调研机构"经济学人智库"与IBM商业价值研究院联合发布的数字化准备指数（E-Readiness Index），该指数包括联网程度和基础设施建设、商业环境、消费者与企业采用度、法规和政策环境、社会

[①] 祝智庭,孙梦,袁莉.让理念照进现实:教育数字化转型框架设计及成熟度模型构建[J].现代远程教育研究,2022,34(6):8-9.

与文化环境、对数字化服务支持等指标;应用能力主要是比较和测量各国获取、吸收和有效利用信息的技术与能力,使用了国际数据公司发布的信息社会指数(Information Society Index),该指数包括电脑基础环境、互联网基础环境、通信基础环境、社会基础环境;整合成效主要是说明网络时代进行技术创新的能力,使用了联合国开发计划署发布的技术成就指数(Technology Achievement Index),该指数包括技术创造、新技术的创新和扩散、旧技术的创新和扩散、人员技能等指标;发展前景主要是衡量某个国家或地区的"数字机遇"、当前表现以及未来发展前景,使用了国际电信联盟等发布的数字机遇指数(Digital Opportunity Index),该指数包括获得和使用信息通信技术机会、基础设施以及使用宽带服务等指标。[1]

总之,教育数字化评估的理论模型包括CIPP模型、软件能力成熟度模型、信息化阶段模型和竞争力模型,每种模型都有自身的特点和应用的局限。其中,CIPP模型突出评估的发展性功能,适合长期开展并需要持续不断改进的政策性评估;软件能力成熟度模型源于软件开发领域,侧重于教育数字化基础建设方面的开发评估;信息化阶段模型与软件能力成熟度模型虽然有密切联系,但其更加注重信息化系统的发展阶段,并对每个发展阶段的特征进行了详尽的描述,有助于了解一个国家教育数字化发展的程度,并结合下一个发展阶段的需求提出针对性建议;竞争力模型脱胎于教育竞争力研究,更加适合开展国际教育数字化的比较

---

[1] 郁晓华,张润芝,祝智庭,等.教育信息化竞争力的模型设计与国际指标比较[J].中国教育信息化,2009(17):5-9.

分析。由于教育数字化发展的复杂性，国际上还没有建立统一的、通用性强的教育数字化评估模型，所以，需要根据实际情况进行选择。

三、教育数字化评估指标

建立一套科学合理的教育数字化评估指标体系，将纷繁复杂的教育数字化发展现象指标化，是有效评估教育数字化发展水平的前提。而教育数字化实践分析和趋势判断，是当前研究的重点。

（一）美国STaR评估量表

为响应美国联邦政府发布的国家教育行动计划，美国教育技术CEO论坛（The CEO Forum on Education and Technology）每年对国家教育行动计划的进展情况进行评估，并在此基础上逐渐形成了著名的STaR评估量表。STaR评估量表从"硬件和网络连通性""教师专业发展""数字化资源""学生成就和考核"4个维度，衡量地区或学校的教育数字化发展水平。该评估量表被美国一些学校采用，成为衡量地区和学校教育数字化发展水平的重要标尺。STaR评估量表能帮助学校回答诸如"学校信息技术现状如何""学校是否能够有效地利用技术以获得优质教学效果""学校在信息技术整合发展方面取得了哪些进步"等问题，有助于地区和学校确定数字技术在教育中的应用水平，制订和实施改进教育实施效果的计划。[1]

STaR评估量表是一个二维交叉表格，主要从评估要素与学校类型

---

[1] 汪琼,陈瑞江,刘娜,等.STaR评估与教育信息化研究[J].开放教育研究,2004(4):10.

两个维度进行表述。横向表头列出了评估要素的各级指标及相应的指标描述。纵向表头列出了学校教育数字化现状和使用情况的评估维度，分别是"硬件和网络连通性""教师专业发展""数字化资源""学生成就和考核"，每个维度均列出具体的二级指标和对应的指标描述（见表2—1）。并以此划分了4个层级，即低技术使用水平型学校、中等技术使用水平型学校、高技术使用水平型学校、理想级技术使用水平型学校。例如：在"硬件和网络连通性"维度有一项名为"学生人数与联网的教学用计算机数之比"的评估指标，该指标数值高于10∶1的学校定义为低技术使用水平型学校，低于或等于10∶1并高于5∶1的学校定义为中等技术使用水平型学校，低于或等于5∶1并高于1∶1的学校定义为高技术使用水平型学校，低于或等于1∶1的学校为理想级技术使用水平型学校。① 这种以具体数值来确定学校教育数字化发展水平的方式，具有很强的操作性，受到了学校的广泛认可和积极使用。

表2-1　美国STaR评估量表

一级指标	二级指标	指标描述
硬件和网络连通性	生机比	学生人数与联网的教学用计算机数之比
	技术支持	技术支持服务的响应时间之比
	联网教室与联网办公室数量	联网教室与联网办公室的数量百分比
	联网质量	学校的上网方式和联网质量
	其他硬件设施	其他的硬件设施拥有和使用情况

---

① Stages of Educational Technology Implementation[EB/OL].http：//www.bobpearlman.org/BestPractices/Stages.htm.

续表

一级指标	二级指标	指标描述
教师专业发展	教师培训方式	教师所接受的培训方式
	教师专业发展预算比例	教师培训预算与技术预算之间的百分比
	教师理解和使用数字化资源	教师对数字化资源的理解和应用情况
数字化资源	数字资源形式	学校所拥有的数字化资源形式
	教师整合方式	教师在教学中整合数字化资源的方式
	学生使用形式	学生利用数字化资源支持学习的方式
	学生使用比例	使用数字化资源的学生比例及使用频率
	购买预算	购买数字化资源的经费预算
学生成就和考核	学生成就和21世纪技能	学生取得的成就和21世纪技能掌握的情况
	评估与课程	评估与课程的吻合程度及其改进情况
	评估形式	采用数字化策略进行考核的情况
	使用机会均等性	使用机会均等的情况
	研究成果	研究成果的采用情况
	管理者技能	管理者使用技术的技能情况
	家长与社区借助技术参与	家长与社区借助技术来了解学校管理的参与程度

（二）英国学校信息化自我评估框架

英国教育传播与技术署（British Education Communication and Technology Agency，简称BECTA）为准确评估学校的数字化建设与应用现状，确保教育数字化投入资金的产出效益最大化，于2006年制定了英国学校信息化自我评估框架SRF。SRF共包括8个一级指标：数字化领导与管理、信息技术课程应用、数字化学习与教学、数字化评估、教师专业发展、学生能力拓展机会、数字化资源、信息技术对学生学业成绩的影响（见表2-2）。每个指标的评估分为5个水平，分别为没有发生、开始、应用策略、关联、树立数字化信心。SRF每个指标按照发展水平等级将学校划分为未规划、起始阶段、恰当规划、完备阶段、理想状态等五种发展状态。为了方便学校自行评估数字化水平，BECTA还开发了相应的SRF网络评估工具，包括概述、自我评估、基准水平分析以及行动计划等。[1]SRF框架及工具能够帮助学校了解自身与标准的差距、制定相应策略，得到了学校的广泛认可，已经成为学校开展教育数字化评估的重要工具。

表2-2 英国学校信息化自我评估框架

一级指标	二级指标
数字化领导与管理	制订数字化发展目标
	实现数字化发展目标的策略
	组织的效率和有效性
	数字化监测与评估
信息技术课程应用	信息技术课程规划
	学生在使用信息技术工具时的体验
	信息技术课程的评估

[1] 王炜,黄黎茵.国内外基础教育信息化评估述评[J].中国信息技术教育,2008(12):14-15.

续表

一级指标	二级指标
数字化学习与教学	教师使用信息技术工具辅助教学的情况
	学生使用信息技术工具进行学习的情况
	学校领导对促进数字化教学与学习采取的激励措施
数字化评估	教师使用信息技术工具辅助教学的使用效果的评估
	信息技术工具在学习中的应用过程与效果评估
教师专业发展	学校教师专业发展的需求与计划
	学校为教师提供的信息技术能力学习频率和质量
	对教师信息技术能力发展的监测与评估
学生能力拓展机会	教师使用信息技术为学生提供学校以外学习机会的意识
	学校使用信息技术为学生提供拓展学习机会的计划与实施
数字化资源	物理环境对数字化资源使用的影响
	教师和学生可访问的数字化资源
	数字化资源的拓展与更新
信息技术对学生学业成绩的影响	学生在信息技术应用能力方面取得的进步
	学生使用信息技术工具在其他学习能力上取得的进步
	学生对应用信息技术工具的态度和行为变化

（三）泛加拿大教育评估指标项目

泛加拿大教育评估指标项目PCEIP,是加拿大统计署会同加拿大教育部长委员会联合启动的教育评估项目,其成果是出版在线报告——

《加拿大教育指标:泛加拿大教育指标项目报告》,主要面向教育决策者、教育工作者以及社会公众,定期在线更新。PCEIP的评估指标主要包括:基础教育中的数字技术指标、学校以教学为目的的网络接入情况、学生在家庭和学校使用计算机的情况、计算机使用频率、男生和女生在接触和使用计算机方面的差异等。由于教育行政部门会使用该报告的调查数据来评估各地区的教育数字化发展水平,因此,PCEIP的指标内容与教育数字化政策、重大项目制定和拨款计划等密切相关。而制定信息技术教育应用评估指标作为PCEIP的重要组成部分之一,其目标是帮助学生获得参与信息社会的各种技能、促进信息技术在教育领域中的应用与发展、提供未来发展的依据。该项目的评估范围是泛加拿大27个地区的中小学。[①]PCEIP涉及教育数字化的评估指标比较精简,主要内容见表2-3。

表2-3 泛加拿大教育评估指标项目的指标及指标描述

指标	指标描述
生机比	学生在校可用计算机的一个替代测量方案,只包含用于教育目的的计算机
网络连接	能够连接互联网的计算机比例,不考虑以管理为目的的互联网连接
学生在线活动	学校信息技术支持协调人员回答关于使用在线教学活动的问题。比如,要求他们列举某一年级学生将会参加的典型活动
主要障碍	由校长指出阻碍学校达成计算机相关目标的主要障碍,主要分为硬件、软件、教学、教师培训等类别

---

① 顾小清.教育信息化建设项目评估:国际研究现状调查[J].电化教育研究,2006(8):42.

(四)韩国教育数字化评估指标体系

韩国在国际教育数字化评估指标体系及实证分析的基础上,提出了一套教育数字化评估指标体系,该指标体系包括数字化政策、数字化基础设施、数字化人力资源、课程教学数字化、数字化保障、数字化资源、数字化应用、数字化公平等指标。[1](见表2-4)

表2-4 韩国教育数字化评估指标体系

一级指标	二级指标	指标描述
数字化政策	法律、法规、政策	现有的教育数字化相关法律、法规与政策
	预算	教育经费占国家经费总支出的比例
数字化基础设施	硬件	拥有计算机的学校比例
		在校学生与计算机的比例
		用于教学的计算机比例
		用于行政管理的计算机比例
	软件	运用计算机辅助教学的学校比例
数字化人力资源	教师	接受信息技术技能培训的学校教师比例
	职员	接受信息技术应用培训的学校职工比例
	培训机会	现有的信息技术相关培训项目计划
课程教学数字化	信息技术在教学与学习中的应用	信息技术在教学与学习中的应用情况描述
		信息技术在教学与学习中的应用模式说明
		信息技术在教学与学习中的应用时间
	信息素养	信息素养课程开设情况
	网络道德教育	学校的网络道德教育开展情况

---

[1] SONG, KS, KIM, HS, SEO, J, et al. Development and pilot test of ICT in education readiness indicators in the global context[J]. KEDI Journal of Educational Policy, 2013, 10(2):243、250.

续表

一级指标	二级指标	指标描述
数字化保障	教学和学习保障服务	在线服务平台建设情况
		信息技术能力培训中心建设情况
	行政服务与支持	教育管理信息系统的建设情况
数字化资源	研发	数字化教育资源的质量保障机制
	分配与共享	数字化教育资源在学校的分配情况
		数字化教育资源的共享情况
数字化应用	数字化基础设施应用	教师在学校中应用信息技术的平均时长
	信息技术教学应用	教师应用信息技术开展教学活动的平均时长
	在线教学与学习服务平台的应用	学生使用在线学习服务平台的平均频率
		教师使用在线教学服务平台的平均频率
数字化公平	性别公平	国家现有的数字化公平政策
		女生使用信息技术辅助学习的比例
		男生使用信息技术辅助学习的比例

（五）新加坡教育数字化自我评估指标体系

新加坡教育部为指导学校对本校的数字化建设与应用情况进行有效的评估，于2007年发布了数字化自我评估指标体系（Benchmarking Your ICT Practices for Excellence in Schools）。该指标体系包括学校数字化领导力、学生参与、教师应用3个一级指标，以及8个二级指标和17个三级指标。学校数字化领导力包括数字化领导部门、监测和审查；学生参与包括学生参与数字化学习活动并促进高阶思维能力、学生利用信息技术开展合作学习活动、学生熟练运用信息技术促进学习、学生信息技术使用道德；教师应用包括教师应用信息技术辅助课堂教学与评价的情况、教师在数字化活动中的合作情况等指标。[①]（见表2-5）

表2-5 新加坡教育数字化自我评估指标体系

一级指标	二级指标	三级指标
学校数字化领导力	数字化领导部门	数字化领导者采用的工作方式
		数字化支持体系的服务质量
		数字化建设与应用计划的质量
	监测和审查	动态监测学校数字化建设项目
学生参与	学生参与数字化学习活动并促进高阶思维能力	学生参与数字化学习活动并促进高阶思维能力的数量
		数字化活动的类型
		学生参与数字化学习活动并促进高阶思维能力的频率
	学生利用信息技术开展合作学习活动	学生利用信息技术参与合作学习活动的数量
		学生利用信息技术开展合作学习活动的频率
	学生熟练运用信息技术促进学习	学生应用信息技术的熟练程度
		学生能熟练应用信息技术的比例
	学生信息技术使用道德	学生能够自觉遵守信息技术使用道德规范的比例
教师应用	教师应用信息技术辅助课堂教学与评价的情况	信息技术在课堂教学与评价中的应用情况
		教师应用信息技术工具辅助的教学工作内容
	教师在数字化活动中的合作情况	教师合作活动内容
		教师合作规模
		教师参与合作活动的比例

---

① 范福兰.我国教育信息化实证测评与发展战略研究[D].武汉：华中师范大学,2016：18.

(六)其他教育数字化评估指标体系

联合国教科文组织统计研究所(UNESCO Institute for Statistics)研制了《教育数字化测量指南》,重点从教育数字化政策保障、基础设施、师资队伍建设、课程、用法、结果与影响、公平等维度,解释了其测量标准和对实践的改进意义。[1]

我国研制了基础教育数字化评估指标体系,包括基础设施、信息资源、信息素养、ICT应用、信息化管理等5个一级指标和26个二级指标。[2]在此基础上,持续开展大规模的调查评估,为我国基础教育数字化发展提供了实证数据支撑。

在梳理国内外较为成熟的教育数字化评估工具的基础上,本研究对具体评估指标进行了交叉比对,比对结果如下。(见表2-6)

表2-6 国内外教育数字化评估指标的交叉比对

教育数字化评估指标	A	B	C	D	E	F	G
学校接入互联网出口宽带	√		√			√	√
学生与学校使用计算机的比例	√		√	√		√	√
教师与学校使用计算机的比例	√					√	√
学校配备数字化教学设备				√			
网络教学平台的拥有情况						√	

---

[1] UNESCO Institute for Statistics. Guide to Measuring Information and Communication Technologies (ICT) in Education[M].Montreal, Quebec: UNIES CO Institute for Statistics, 2009:25.
[2] 王珠珠,刘雍潜,黄荣怀,等.《中小学教育信息化建设与应用状况的调查研究》报告上[J].中国电化教育,2005(10):25.

续表

教育数字化评估指标	A	B	C	D	E	F	G
学校数字化主管领导设置情况							√
软件、硬件、教师培训的经费投入比例	√						√
专业团队的人员数量及构成					√		
学校引进或自建的数字教育资源总量		√					√
教师教育技术能力培训情况	√			√			
学生接触技术的机会	√	√	√		√		
数字技术类课程的数量						√	√
信息技术课程的开设数量							√
校园门户网站的建设情况							√
网络办公系统的建设情况				√			
学校数字化规章制度的制定情况		√		√			
网络安全与保障措施的制定情况							√
学校数字化建设年度经费预算						√	√
数字教育资源的使用情况	√			√		√	
技术在学科教学中的应用情况						√	√
教师利用技术创新教学的参与度		√			√	√	√
学生信息素养水平	√				√		

（注：A 为美国 STaR 评估量表；B 为英国学校信息化自我评估框架；C 为泛加拿大教育评估指标；D 为韩国教育数字化评估指标；E 为新加坡教育数字化自我评估指标；F 为联合国教科文组织的教育数字化评估指标；G 为我国基础教育数字化评估指标。）

交叉比对结果显示：第一，各指标体系均注重基础设施建设评估。根据已收集整理的指标显示，相关指标约占全部指标的40%，包括了网络接入、计算机软硬件配备、多媒体教室开设、数字教育资源开发等方面。第二，教育数字化应用评估越来越受关注，相关指标约占全部指标的25%，但并不深入，大多是对使用频率、参与人数等浅层数据进行统计，缺乏对数字化应用的深层次评估。第三，教育数字化管理评估上有扎实研究，相关指标约占全部指标的25%，尤其在数字化领导力、专业团队建设等方面的指标设计对本研究很有启发。第四，教师信息技术应用能力方面有所涉及，相关指标约占全部指标的10%，主要集中在参与教育数字化的培训情况、配套支持方式等方面。总体来看，现有的评估指标大多数停留在教育数字化的基础建设或简单应用层面，无法充分体现数字技术与教育教学融合创新发展的理念，难以有效地发挥教育数字化评估对基础教育数字化转型的引领作用。

四、教育数字化评估方法

教育数字化评估的基本流程包括：首先，确定评估模型。其次，遴选针对性的评估指标，收集调查数据并计算各个指标的权重。最后，以分数或指数的方式表示教育数字化的发展水平。教育数字化评估方法体现在指标筛选、指标权重确定和指数测算3个环节。在指标筛选环节，主要有两种筛选方法：一种是定性选择法，如访谈法、专家咨询法，主要通过主观经验对指标进行筛选；另一种是定量分析法，通过运用一些数学方法对指标间的相似性和关联性进行判断，进而筛选出有针对性的评估指标。在指标权重确定环节,大致可以分为主观赋权法、客观赋权法和组合赋权法。主观赋权法是依据专家的主观判断,对指标的重要性进行评判,典型方法有德尔菲法、层次分析法等;客观赋权法是以数学理论为基础,对指标之间的相互关系进行分析后再判定指标的权重;组合赋权法是主观赋权法和客观赋权法的综合。在指数测算环节,一般是先根据指标权重得出各维度得分,综合后形成教育数字化发展的指数或总得分。

总之,教育数字化评估方法正在从简单单一走向综合多元,评估的客观性、科学性、公正性也在不断提高。早期的教育数字化评估主要依赖于德尔菲法、层次分析法等主观赋权法,这类方法操作简便,通用性更强,但过于依赖专家的个人经验,容易受到人为因素的影响,带有较大的主观性和模糊性,难以客观反映教育数字化的真实发展水平。现在,越来越多的研究开始使用回归分析法、因子分析法、数据包络分析法等客观赋权法开展教育数字化评估。这些方法通常在数据分析的基础上确定指标权重,有助于消除主观性偏差,其弊端是过分依赖统计或数学的定量方法,忽视了评估指标的主观定性分析,可能会导致评估结果与现实感受不一致,同时出现数据解释力不足的问题。此外,还有研究为了弥补数据解释力不足的问题,在客观统计建模分析的基础上,结合德尔菲法、层次分析法等主观评估法来确定指标的权重,以有效提高评估结果的准确性。由于各种评估方法都有适用的问题情境和应用范围,不同评估方法之间没有绝对的优劣之分。在基础教育数字化评估中,不仅要考虑评估方法的科学性,也要充分考虑评估方法与现实情况、评估对象、指标内容的匹配度,综合运用不同的评估方法,尽量避免评估中可能出现的偏见和误差,从而使评估结果更加可靠。

第三章 基础教育数字化评估模型框架设计

如何建立新型的基础教育数字化评估体系,全面客观衡量基础教育数字化发展水平,是推进教育数字化发展的重要命题。随着数字技术的不断发展,教育数字化应用方面的指标逐渐深入细化,这一趋势表明教育数字化相关主体更加注重数字技术在教育教学中的应用实效。基础教育数字化评估指标体系的构建主要有以下两种方法:一种是自下而上的方法。首先,由用户与管理者确定基础教育数字化测评的指标集,然后,再向该领域的专家咨询访谈来筛选指标。另一种是自上而下的方法。首先,由基础教育数字化专家确定指标集,然后,用户与管理者再根据当地基础教育数字化实际状况进行调研来筛选指标。

一、评估模型的选择

本研究在国内外文献分析的基础上,以CIPP模型为评估框架,采用自下而上的专家咨询方法,从背景评价、输入评价、过程评价、成果评价4个维度,建立面向深度融合的基础教育数字化评估体系。CIPP模型,是美国学者斯塔弗尔比姆于1967年提出的,是一种整合诊断性评价、形成性评价和终结性评价,突出评价的发展性功能的评估模型,由背景评价、输入评价、过程评价和成果评价4个阶段组成。由于每个阶段的要求不同,因而在进行评价时,往往采用不同的方法。其中,在背景评价阶段,分析其评价方案与目标是否合理和必要,以及与社会发展的适应性;在输入评价阶段,调查和分析可用的资源,寻求解决问题的策略以及评价程序设计相应的可行性;在过程评价阶段,通过控制活动中的潜在障碍,来描述真实的过程,协同彼此的合作,加强多方沟通与交流,获取相关活动信息;在成果评价阶段,制定可操作与可测量的评估结果标准,搜集与方案有关人员对结果的评判,从质与量上加以分析。

实际上,CIPP模型在教育领域具有广泛的适用性。比如,联合国教科文组织新编制的系列报告《世界教育报告》(*World Education Report*),其世界教育指标系统遵循了CIPP模型的4个基本维度,为全球教育规划发展提供了强而有力的指标引导和数据支撑。

本研究采用CIPP模型建构基础教育数字化评估模型,主要有以下考虑:

第一,CIPP模型突出强调评价的发展性功能,在国内外教育评估中得到广泛应用,适合于长期开展并期待获得持续性改进的项目或工作。CIPP模型既关注教育基础设施,也关注教育产出效益,能够更好地衡量教育数字化发展的真实水平,为我国基础教育数字化改进提供全面支撑。基础教育数字化发展的自身特点与CIPP模型具有较好的理念契合。

第二,CIPP模型注重过程性评价,与基础教育数字化发展的阶段性特征和递进性特征非常契合。教育数字化是一个动态发展过程,包括起步阶段、应用阶段、整合阶段、创新阶段等4个阶段。其中,在起步阶段,核心是教育数字化基础设施的搭建和数字教育资源的共建共享;在应用阶段,数字技术在教育教学中开始被接受,技术应用带动了教育效率的提升;在整合阶段,随着技术应用的深入,教师不再满足于运用技术解决具体问题,而是借助技术进一步更新教育观念、改变教学结构、提升教育质量;在创新阶段,重点是利用技术推动新一轮的教育制度改革,构建开放创新的教育体系来解决更深层的教育问题[1],传统教育教学将会发生质的改变。

第三,CIPP模型从背景评价、输入评价、过程评价、成果评价4个阶段入手,注重评估过程与结果的统一,涵盖了教育数字化发展的主要环节,可以提供不同环节的数据信息,帮助教育者及时调整方案、持续改进工作,进而达到数字技术与教育教学深度融合的目标。其中,背景评价主要通过对教育数字化融合的鉴定、对教育数字化环境的描述和对教育数字化融合目标的评估来确定其必要性;输入评价主要着眼于深度融合教育数字化的可行性,根据具体实施模式以及教师与学生反馈的实际使用情况,有针对性地对数字技术与教育教学的深度融合进行评价;过程评价通过了解教师和学生使用数字技术开展教与学活动的情况,关注教育数字化实施的整个过程;成果评价主要通过问卷调查、访谈、师生学习过程数据的分析等,对教育与数字技术是否达到深度融合进行评价。

---

[1] 胡钦太,张晓梅.教育信息化2.0的内涵解读、思维模式和系统性变革[J].现代远程教育研究,2018(6):14-19.

二、评估模型框架设计原则

第一,注重数字技术在教育领域的深层次应用,而非浅层次应用。"深度融合"不是一般性的技术应用,而是数字技术与教育教学的相互促进。深度融合不能停留于数字技术的浅层次教学应用,而是要利用数字技术促进教育流程再造,探索新型教育服务供给方式,从而实现对传统教育体系的改造或重构。[①]在这个阶段,数字技术运用于教学之中的价值便不只是一般意义上的"改变过程",而是拓展与提升至对整个教育教学系统的改造或重构。包括:教学内容呈现方式的改造或重构、学习资源获取方式的改造或重构、教学人际互动样态的改造或重构、教学空间秩序格局的改造或重构、教学环境整体氛围的改造或重构等,最终形成一种全新的教学时空。[②]

第二,注重"人"的数字化转型,而非"物"的数字化转型。教育数字化的核心是"人"的数字化转型,即教师和学生在数字化条件下实现新的发展。一方面,要高度关注教师数字技术应用能力的有效提升,只有教师获得了与数字化教学相匹配的意识和能力,才能利用数字技术促进教育理念、教学内容和教学方式的深刻变革。另一方面,要高度关注学生的数字素养,使学生充满自信地使用各种数字技术去查找、获得、存储、展示和交换信息,拥有适应未来社会的能力。

第三,注重国家教育数字化战略发展态势。一方面,新一轮科技革命迅猛发展,不断丰富了教育新基建的内容,智慧校园、未来教室、智能

---
① 曹培杰.未来学校的变革路径:"互联网+教育"的定位与持续发展[J].教育研究,2016,37(10):48.
② 吴康宁.信息技术"进入"教学的四种类型[J].课程·教材·教法,2012,32(2):13.

教室、虚拟仿真实验室、创客空间等受到广泛关注,并在很多地方得到推广,不断夯实教育高质量发展的数字基座,成为教育数字化基础建设的重要趋势。另一方面,人工智能、大数据、学习分析等技术的成熟,使数据驱动的精准教学成为可能,数智赋能规模化因材施教不断深化,教师的教学方式和学生的学习方式越来越多地呈现出个性化、泛在化等特征。这些都是基础教育数字化评估需要关注的问题。因此,要把智能学习环境作为评估的重要变量,同时注重了解学校利用数字技术提供个性化学习服务情况,充分彰显教育数字化开辟教育发展新赛道、塑造教育发展新优势的重要价值。

三、评估模型框架的初始设计

本研究在CIPP模型的基础上,提出了面向深度融合的基础教育数字化评估框架,包括政策与环境、资源与能力、教与学方式、数字化效益等4个维度的28个指标。

背景评价:即"政策与环境",包括教育数字化发展规划和智能学习环境建设两个二级指标。其中,教育数字化发展规划指标重点关注教育数字化发展规划方案制定情况、学校教育数字化经费投入情况及对教育数字化的重视程度;智能学习环境建设指标重点关注总带宽和无线网络覆盖情况,多媒体教室、智能教室、生均智能终端比例等。

输入评价:即"资源与能力",包括数字教育资源、教师数字化培训和师生数字素养3个二级指标。其中,数字教育资源重点关注数字教育资源的数量与质量和师生开通网络学习空间的比例;教师数字化培训重点关注教师接受数字技术相关培训的情况；师生数字素养重点关注学生使用数字技术学习的情况、教师使用数字技术工具的情况，以及教师使用网络教学平台、学科教学工具和智慧校园管理平台的情况。

过程评价：即"教与学方式"，包括教师教学方式和学生学习方式两个二级指标。教师教学方式重点关注数字化课堂的主要形式、互动情况和教师使用数字技术开展教学的情况；学生学习方式重点关注学生使用网络学习空间的用途和学生使用数字技术开展的学习活动。

成果评价：即"数字化效益"，包括学校办学水平和学生学业表现两个二级指标。学校办学水平重点关注学校教育数字化取得的成果、个性化教学服务和教师教学效能；学生学业表现重点关注学生的数字技术成果、数字素养和学业成绩。

四、评估指标的筛选与调整

本研究在基础教育数字化评估指标初始框架的基础上，编制专家咨询问卷，专家之间互不通信、背靠背地单独打分，收集专家意见并进行汇总分析，通过至少两轮意见征询和修订，直至专家意见趋于集中。其中，专家咨询问卷针对每个指标的重要程度进行描述，并设计五级评分标准："很重要""重要""一般重要""不重要""很不重要"。由专家对28个指标的重要程度进行勾选，另外，问卷还设计了"修改意见"一栏，当专家认为28个指标需要进行修改或删除时，可在"修改意见"处写上具体的修改意见内容。

专家选择是影响专家咨询结论科学性的重要影响因素之一。通常认为,专家咨询法中的专家人数需达到13人以上才足以降低误差,因此,我们选择了18位专家,其中来自高校12位,中小学6位;男性15位,女性3位;博士11位,硕士3位,本科4位;教授6位,副教授6位,中学高级3位,小学高级3位。

专家咨询意见显示,4个一级指标中政策与环境、资源与能力两个指标的认可率均低于80%,教与学方式和数字化效益两个指标的认可率均高于90%。28个具体指标中认可率达到80%以上的有16个,其中智能教室的数量,教师使用数字技术开展教学的水平,学生使用数字技术学习的情况,教师使用数字技术工具的情况,教师使用网络教学平台的情况,教师使用学科教学工具的情况,教师使用数字技术开展教学的情况,学生使用数字技术开展的学习活动,个性化教学服务,学生的数字素养这10个指标的认可率约为100%,说明这10个指标的评估是非常有必要的。教育数字化发展规划方案、学校教育数字化经费投入、多媒体教室的数量、学生的学业成绩等11个指标的认可率约为70%,学校教育数字化取得的成果指标的认可率约为77.80%。

五、最终评估框架的构建

根据专家意见,首先,将原框架中"政策与环境""资源与能力"修改为"智能学习环境"和"师生数字素养";整合"教育数字化发展规划""数字教育资源""教师信息化培训""开通和使用网络学习空间的情况"等指标,将相关内容融入数字化教学方式;删除"学校宽带""多媒体教室"等传统的指标,凸显教育新基建发展趋势。其次,在初步形成的指标体系基础上编制调查问卷,选取北京市的20所学校进行了小范围试测,并根据结果再次调整指标体系。最终,形成了面向深度融合和结构转型的基础教育数字化评估框架。(见表3-1)

表3-1 基础教育数字化评估框架

一级指标	二级指标	指标描述
背景评价	确认学校信息化基础设施建设情况和智能学习环境现状	智能学习环境:教育数字化发展规划方案,学校信息化经费投入,学校对教育数字化的重视程度,学校无线网络覆盖情况,智能教室的数量和实验室的数量,生均智能终端比例
输入评价	确认和评估学校关于开展智慧教育所需要的工具、软件、能力等方面的储备情况	师生数字素养:数字教育资源的数量与质量,智慧校园管理平台的情况,师生开通网络学习空间的比例,学生使用网络学习空间的用途,教师使用数字技术开展教学的水平和学生使用数字技术开展的学习活动
过程评价	确认和评估数字化教学开展情况以及对教师教学方式与学生学习方式的影响	数字化教学方式:教师接受数字技术相关培训的情况,学生使用数字技术学习的情况,教师使用数字技术工具的情况,教师使用网络教学平台的情况,教师使用学科教学工具的情况,信息化课堂的互动情况和教师使用数字技术开展教学的情况
成果评价	收集教育数字化对学校信息化取得的成果,学生在数字素养等方面的影响	教育数字化效益:推动教学变革情况,学校数字化教学取得的成果,个性化教学服务,学生的数字技术成果和学生的数字素养

第四章　基础教育数字化融合指数的建构

基础教育数字化评估指标体系需要经过不断地实践检验和修正，才能具有广泛的适用性。本章依据前面提出的基础教育数字化评估框架，采用结构方程模型对模型框架拟合情况进行验证，明确指标权重和测算方法，从而形成基础教育数字化融合指数。

一、研究设计

本研究设计了"中小学教育数字化融合创新发展调查问卷"。问卷内容包括基本信息、智能学习环境、师生数字素养、数字化教学方式、教育数字化效益等5个部分，含4个潜变量和14个观察变量（见表4-1）。问卷以中小学校负责数字化工作的管理者（校长、分管副校长和信息中心主任）为研究对象，采用网络问卷方式，在北京市、重庆市、浙江省、辽宁省、湖南省、江西省等地区发放了646份问卷（每所学校填一份），最终收回有效问卷605份，有效率约为93.65%。

表4-1 研究变量

潜变量	数量	观察变量
背景：智能学习环境	3	学校无线网络覆盖情况(A1) 智能教室和新型实验室建设情况(A2) 生均智能终端比例(A3)
输入：师生数字素养	4	学生数字化学习熟练程度(A4) 网络教学平台使用情况(A5) 学科教学工具使用情况(A6) 智慧校园管理平台使用情况(A7)
过程：数字化教学方式	3	教师开展数字化教学情况(A8) 数字化教学主要方式(A9) 学生数字化学习情况(A10)
成果：教育数字化效益	4	提升学生数字素养情况(A11) 提高教师教学效能情况(A12) 为学生提供个性化学习服务情况(A13) 推动教学方式变革情况(A14)

本研究问卷包含两种变量类型：一种是可直接填写数据的连续变量，如学校无线网络覆盖情况、生均智能终端比例等；另一种是李克特五级量表形式的类别变量，如提高教师教学效能情况(设"非常符合""比较符合""一般""比较不符合""非常不符合"5个选项)。考虑到结构方程模型验证的需要，本研究将连续变量的数据按照等级标准(前20%的数值为5、后20%的数值为1)转换为五级量表形式的类别变量数据，以实现不同数据的统一分析。同时，针对个别缺失值，本研究采用SPSS软件中的"序列均值法"进行插补处理，将其定义为所在序列的平均值。

二、评估模型的估计

本研究选用结构方程模型的一种次模型——验证性因素分析(Confirmatory Factor Analysis,简称CFA)方法,检验模型结果,构建基础教育数字化评估模型,确定各指标权重。验证性因素分析又包括一阶验证性因素分析和二阶或高阶验证性因素分析,本研究将先用一阶CFA验证前期分析结果,再用二阶或高阶CFA构建基础教育数字化整体评估模型。

(一)基础教育数字化评估模型假设

尽管国内外学者对教育数字化评估进行了很多的有益探讨,但是研究大多数集中于指标体系的理论探讨和探索性因子分析阶段,有关评估指标体系的验证性因素分析少有提到。因此,本研究在已有的研究基础上,建立了我国基础教育数字化评估模型并提出以下研究假设。

假设1:智能学习环境是衡量基础教育数字化水平的显著因素,与基础教育数字化水平有直接正向关系。

其中,学校无线网络覆盖情况、智能教室和新型实验室建设情况、生均智能终端比例对智能学习环境具有显著影响。

假设2:师生数字素养是衡量基础教育数字化水平的显著因素,与基础教育数字化水平有直接正向关系。

其中,学生数字化学习熟练程度、网络教学平台使用情况、学科教学工具使用情况、智慧校园管理平台使用情况对师生数字素养具有显著影响。

假设3:数字化教学方式是衡量基础教育数字化水平的显著因素,

与基础教育数字化水平有直接正向关系。

其中,教师开展数字化教学情况、数字化教学主要方式、学生数字化学习情况对数字化教学方式具有显著影响。

假设4:教育数字化效益是衡量基础教育数字化水平的显著因素,与基础教育数字化水平有直接正向关系。

其中,提升学生数字素养情况、提高教师教学效能情况、为学生提供个性化学习服务情况、推动教学方式变革情况对教育数字化效益具有显著影响。

(二)评估模型的一阶验证性因素分析

在基础教育数字化评估模型的评估指标体系变量表中,智能学习环境、师生数字素养、数字化教学方式、教育数字化效益4个维度为潜变量,具体的测量指标为观察变量(显变量)。智能学习环境的测量指标为学校无线网络覆盖情况(A1)、智能教室和新型实验室建设情况(A2)、生均智能终端比例(A3)等3个指标;师生数字素养的测量指标为学生数字化学习熟练程度(A4)、网络教学平台使用情况(A5)、学科教学工具使用情况(A6)、智慧校园管理平台使用情况(A7)等4个指标;数字化教学方式的测量指标为教师开展数字化教学情况(A8)、数字化教学主要方式(A9)、学生数字化学习情况(A10)等3个指标;教育数字化效益的测量指标为提升学生数字素养情况(A11)、提高教师教学效能情况(A12)、为学生提供个性化学习服务情况(A13)、推动教学方式变革情况(A14)等4个指标。综上所述,本研究构建的一阶验证性因素分析模型,由4个潜变量和14个观察变量构成,具体如下:

$$X_1 = \lambda_1 \xi_1 + \delta_1$$

$$X_2 = \lambda_2 \xi_2 + \delta_2$$

$$X_3 = \lambda_3 \xi_3 + \delta_3$$

……

$$X_{14} = \lambda_{14} \xi_{14} + \delta_{14}$$

本研究采用 AMOS 21.0 软件作为结构方程模型分析工具,对基础教育数字化评估模型中的智能学习环境、师生数字素养、数字化教学方式、教育数字化效益等潜变量进行验证性因素分析,并采用极大似然估计法,对模型进行估计,其标准化路径图如图4-1。

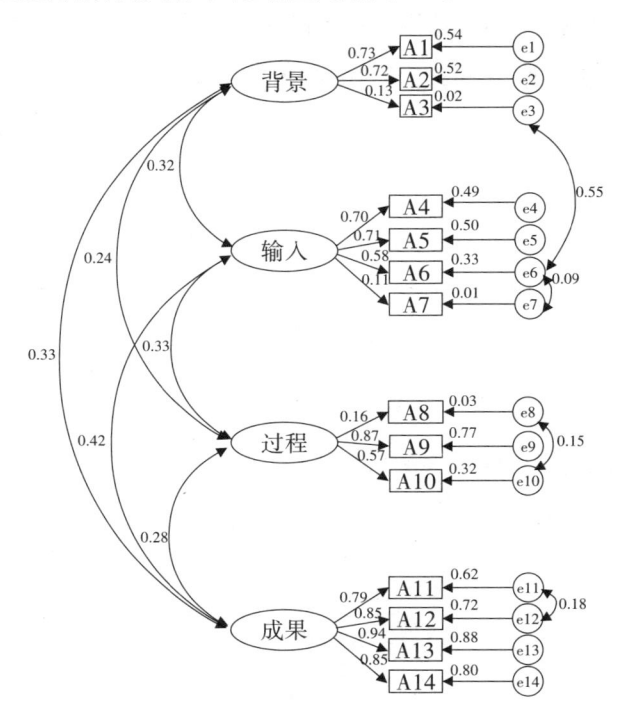

图4-1 一阶验证性因素分析标准化路径图

结果显示,未出现大于1的标准化回归系数,表示不存在不适当解值。同时,14个回归系数都达到显著水平,拟合结果验证了研究假设,说明智能学习环境、师生数字素养、数字化教学方式、教育数字化效益等潜变量对基础教育数字化应用水平具有显著性影响。各观察变量在其潜变量上的标准化回归系数均达到显著水平,拟合结果验证了探索结果。

(三)评估模型的二阶验证性因素分析

在验证性因素分析模型中,与测量指标直接相连的因子被称为一阶因子或低阶因子,而对一阶因子或低阶因子产生影响的因子称作二阶因子或高阶因子。当一阶验证性因素分析模型拟合数据较好时,常用高阶因子解释低阶因子之间的相关性,构建高阶模型。一般情况下,存在多个(3个以上)一阶因子时才考虑采用高阶模型。二阶或高阶验证性因素分析与一阶验证性因素分析步骤相似,包括模型设定、模型识别、参数估计、模型评估和模型修正等部分。

本研究利用AMOS 21.0软件,以相关矩阵为输入矩阵,对智能学习环境、师生数字素养、数字化教学方式、教育数字化效益等4个潜变量进行了二阶因子分析,以解释4个潜变量之间的相互关系。拟合后的标准化路径图如图4-2。

第四章 基础教育数字化融合指数的建构

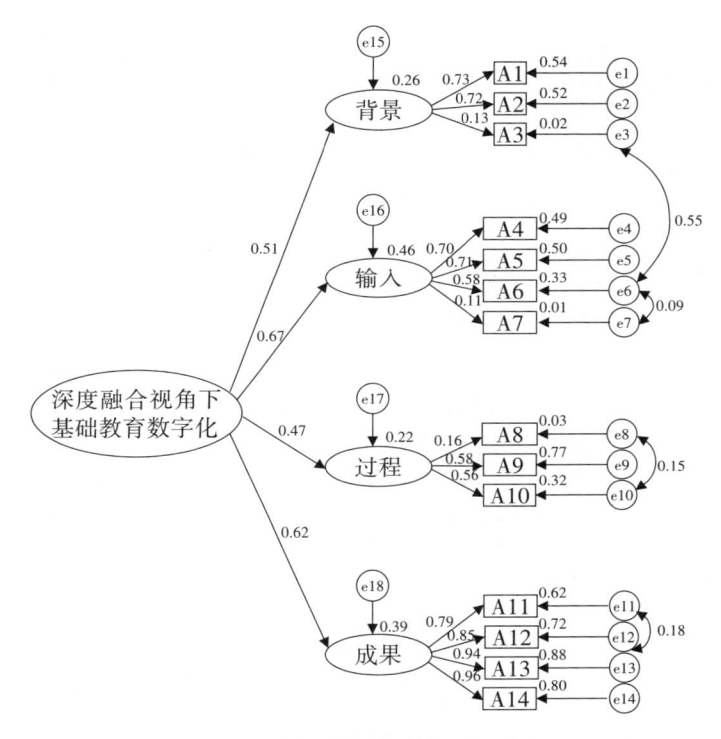

图4-2 二阶验证性因素分析标准化路径图

结果显示,未出现大于1的标准化回归系数,表示不存在不适当解值。同时,本模型主要的拟合指数见表4-2。

表4-2 二阶模型适配度分析表

模型拟合指标	最优标准值	统计值	拟合情况
CMIN	—	129.141	—
DF	—	69.000	—
CMIN/DF	<3.00	1.872	好
RMR	<0.08	0.078	好

· 053 ·

续表

模型拟合指标	最优标准值	统计值	拟合情况
RMSEA	<0.05	0.038	好
GFI	>0.90	0.970	好
PCFI	>0.50	0.744	好
PNFI	>0.50	0.728	好
NFI	>0.90	0.960	好
IFI	>0.90	0.981	好
TLI(NNFI)	>0.90	0.975	好
CFI	>0.90	0.981	好

结果显示，在二阶模型各拟合指数中，CMIN/DF（绝对拟合指数）符合小于3的标准；RMR（分级指标指数）符合小于0.08的标准；RMSEA（近似误差均方根）符合小于0.05的标准；GFI（拟合优度指数）符合大于0.90的标准。在各相对拟合指数中，NFI（规范拟合指数）、IFI（递增拟合指数）、TLI（NNFI，不规范拟合指数）、CFI（比较拟合指数）都符合大于0.90的标准。PCFI（适配度指标）、PNFI（简约规范拟合指数）都符合大于0.50的标准。由此可知，二阶模型中各潜变量及量表总体的拟合情况符合标准，计量模型具有整体的建构效度。本研究提出的假设模型与实际观察数据的拟合情况良好，可以用来检验前文提出的理论假设。

依据模型拟合结果可知，"背景：智能学习环境""输入：师生数字素养""过程：数字化教学方式""成果：教育数字化效益"均是评估基础教育数字化融合创新发展水平的关键因素，其中"输入：师生数字素养"在二阶因子上的影响权重最高（$\beta=0.675, P<0.05$）。本研究将依据此分析结

果,进一步对模型进行拟合分析并计算各指标权重,以此测算出基础教育数字化融合创新发展的水平。

三、评估模型的拟合分析

结果显示,二阶模型相对于一阶模型的DF(自由度)增加2;CMIN/DF(绝对拟合指数)减少0.048;RMSEA(近似误差均方根)减少0.001;NFI(规范拟合指数)减少0.001;RMR(分级指标指数)、GFI(拟合优度指数)、IFI(递增拟合指数)、CFI(比较拟合指数)不变。以上数值表明二阶模型优于一阶模型,所以可以采用二阶因子模型进行模型假设检验。(见表4-3)

表4-3 模型适配度分析表

模型拟合指标	最优标准值	一阶统计值	二阶统计值	拟合情况
CMIN	—	128.613	129.141	—
DF	—	67.000	69.000	—
CMIN/DF	<3.00	1.920	1.872	好
RMR	<0.08	0.078	0.078	好
RMSEA	<0.05	0.039	0.038	好
GFI	>0.90	0.970	0.970	好
PCFI	>0.50	0.722	0.744	好
PNFI	>0.50	0.707	0.728	好
NFI	>0.90	0.961	0.960	好
IFI	>0.90	0.981	0.981	好
NNFI	>0.90	0.974	0.975	好

续表

模型拟合指标	最优标准值	一阶统计值	二阶统计值	拟合情况
CFI	>0.90	0.981	0.981	好

拟合指标分析结果显示,师生数字素养是影响基础教育数字化水平的首要因素,其次是教育数字化效益、智能学习环境、数字化教学方式,且4个维度在变量与基础教育数字化水平的路径系数上均达到了显著性水平,表明4个维度变量是衡量基础教育数字化水平的显著因素。由此可知,要提高基础教育数字化水平,首先,要有较高的师生数字化素养,特别是学生数字化学习熟练程度和网络教学平台使用情况;其次,要提高教育数字化效益;再次,要提高智能学习环境和数字化教学方式。而教师开展数字化教学情况因子载荷最低,说明当前影响基础教育数字化水平的因素重点不在于教师使用数字技术的情况,而在于师生数字素养的提升。(见表4-4)

表4-4 模型估计结果

假设	标准化系数	结论
背景:智能学习环境←基础教育数字化水平	0.51	支持
输入:师生数字素养←基础教育数字化水平	0.68	支持
过程:数字化教学方式←基础教育数字化水平	0.47	支持
成果:教育数字化效益←基础教育数字化水平	0.63	支持

结构方程模型拟合和假设检验都说明,我国基础教育数字化评估模型基本上反映了当前我国基础教育数字化发展的现状和需求。

四、整体模型的信度检验

除了模型适配指标之外,信度也是评估模型的重要因素之一。信度是指评估工具所测得结果的稳定性及一致性,评估工具的信度越大,其测量标准误差越小。信度检验是对模型的有效性进行研究,信度分析包括内在信度分析和外在信度分析,常用的信度系数主要有克龙巴赫α(信度)系数(Cronbach's alpha)、折半信度系数等。在结构方程模型中,常用组合信度来检验模型的内在质量。本研究通过克龙巴赫α系数来检验模型的内在质量,若组合信度值>0.6表示模型的内在质量理想(也有部分学者建议组合信度值>0.5即可)。应用SPSS 22.0检测模型结构的信度如表4-5所示,依据测算结果,模型符合信度评价标准。

表4-5　模型信度分析结果

维度指标	克龙巴赫α系数	
背景:智能学习环境	0.768	0.794
输入:师生数字素养	0.806	
过程:数字化教学方式	0.796	
成果:教育数字化效益	0.823	

结果显示,各维度的α值和总体的α值均大于0.7,表明模型完全符合要求。总的来说,上文论述的验证性因素分析中的模型拟合分析的结果表明,"背景:智能学习环境""输入:师生数字素养""过程:数字化教学方式""成果:教育数字化效益"这4个潜变量均是深度融合视角下基础教育数字化水平的重要影响因素。但是,四者对基础教育数字化应用水平的影响权重不同,其中权重最大的是"输入:师生数字素养"(β=0.675,

$P<0.05$),其余依次是"成果:教育数字化效益"($\beta=0.625$, $P<0.05$)、"背景:智能学习环境"($\beta=0.506$, $P<0.05$)、"过程:数字化教学方式"($\beta=0.473$, $P<0.05$)。

五、指标权重测算

根据基础教育数字化评估模型的二阶验证性因素分析结果中的因子载荷,计算各因子和观察变量的权重。本研究中先将4个一阶因子的因子载荷相加,得到因子载荷总和,再用每一个因子载荷除以总和得到该因子权重。一阶因子权重的计算公式如下:

$$\omega_i = \frac{\gamma_{i1}}{\sum \gamma_{i1}}$$

其中γ_{i1}为第i个因子的标准化路径系数。根据公式计算各因子的权重,"背景:智能学习环境""输入:师生数字素养""过程:数字化教学方式""成果:教育数字化效益"4个一阶因子的载荷分别为:0.506,0.675,0.473,0.625,四者的和等于2.279。因此,"背景:智能学习环境"的权重为$0.506\div2.279\approx0.222$,"输入:师生数字素养""过程:数字化教学方式""成果:教育数字化效益"三者的权重分别约为0.296,0.208,0.274。

观察变量权重计算方法:依据一阶因子权重的计算公式,先将同一维度下各观察变量的标准化载荷相加得到总和,再用每一个观察变量的载荷除以总和得到该观察变量的权重。其计算公式如下:

$$\omega_i = \frac{\lambda_{ij}}{\sum \lambda_{ij}}$$

λ_{ij}为第i个观察变量在其相应一阶因子上的标准化路径系数。以"推动教学方式变革情况"为例,其同一维度的各变量A11—A14在"成果:教育数字化效益"因子上的载荷分别为0.786,0.850,0.939,0.895,它们的总和为3.470,那么A14的权重为0.895÷3.470≈0.258。依次计算各观察变量的权重,其结果如表4-6所示。

表4-6 各指标权重计算结果

一阶因子	指标权重	观察变量	权重
背景:智能学习环境	0.222	A1	0.463
		A2	0.455
		A3	0.082
输入:师生数字素养	0.296	A4	0.334
		A5	0.339
		A6	0.276
		A7	0.051
过程:数字化教学方式	0.208	A8	0.099
		A9	0.549
		A10	0.353
成果:教育数字化效益	0.274	A11	0.227
		A12	0.245
		A13	0.271
		A14	0.258

本研究采用验证性因素分析法确定各指标的权重，对智能学习环境（X1）、师生数字素养（X2）、数字化教学方式（X3）、教育数字化效益（X4）进行单项评分，采用简单线性加权法逐级加权计算，形成基础教育数字化融合指数总得分，其计算公式如下：

$$I_{ET} = \sum_{j=1}^{4}(\sum_{i=1}^{n} Y_{ij} A_{ij})\omega_j$$

I_{ET} 表示基础教育数字化融合指数，$100 \geq I_{ET} \geq 0$，根据融合指数得分，对中小学教育数字化应用水平进行评价，融合指数得分越高，表示该地区或学校教育数字化应用水平越高。j 表示中小学教育数字化融合指数构成的要素个数，i 表示融合指数第 j 个构成要素的指标个数，Y_{ij} 表示第 j 个指标的权重，$\sum \omega_i = 1$。基础教育数字化融合指数的计算公式如下：

基础教育数字化融合指数=0.222×（智能学习环境）+0.296×（师生数字素养）+0.208×（数字化教学方式）+0.274×（教育数字化效益）。

基础教育数字化融合指数是用于衡量基础教育数字化中出现的某些复杂现象，在总量或综合水平上的变化，也就是将繁杂的指标体系，通过合理的数学手段，整合为能够代表基础教育数字化发展水平的综合指标，能够涵盖基础教育数字化的多个维度或多个变量，并且能够较为全面地衡量基础教育数字化发展变化的整体水平。融合指数主要受不同维度或不同变量的影响。融合指数越大，说明该地区或学校的教育数字化融合程度越高，反之亦然。（见表4-7）

表4-7 各维度的计算公式

维度	计算公式
背景：智能学习环境	0.463×学校无线网络覆盖情况（A1）+0.455×智能教室和新型实验室建设情况（A2）+0.082×生均智能终端比例（A3）
输入：师生数字素养	0.334×学生数字化学习熟练程度（A4）+0.339×网络教学平台使用情况（A5）+0.276×学科教学工具使用情况（A6）+0.051×智慧校园管理平台使用情况（A7）
过程：数字化教学方式	0.099×教师开展数字化教学情况（A8）+0.549×数字化教学主要方式（A9）+0.353×学生数字化学习情况（A10）
成果：教育数字化效益	0.227×提升学生数字素养情况（A11）+0.245×提高教师教学效能情况（A12）+0.271×为学生提供个性化学习服务情况（A13）+0.258×推动教学方式变革情况（A14）

结合教育数字化发展实际，可以根据融合指数数值大小将基础教育数字化融合程度划分为3个阶段，即：融合指数得分 $50 \geqslant I_{ET} \geqslant 0$，为初步融合阶段；融合指数得分 $80 \geqslant I_{ET} > 50$，为基本融合阶段；融合指数得分 $100 \geqslant I_{ET} > 80$，为深度融合阶段。

总之，为构建科学合理的基础教育数字化融合指数，本章在国内外相关研究的基础上，采用结构方程模型方法，从实证角度对理论层面的基础教育数字化评估指标体系进行了维度验证和指标筛选，并采用验证性因素分析法计算出指标权重，从整体上把握基础教育数字化建设各维度之间的关系，进而使基础教育数字化测评指标体系的实效性大大增强。基于该指标体系的基础教育数字化评估模型的信度和效度均符合要求，所以，可以作为一个有效的评估工具，来分析我国基础教育数字化融合创新发展的状况。

第五章　基础教育数字化融合指数实证分析

促进数字技术与教育教学融合创新发展，是国家教育数字化战略的必然选择，也是推动基础教育高质量发展的迫切要求。近年来，我国政府不断加大投入力度，实施国家教育数字化战略，使基础教育数字化条件明显改善，数字化应用水平不断提升，正在从"大规模软硬件建设"迈向"深层次教育应用"。尽管教育数字化已经初步展现出引领教育变革和重塑学校教育形态的巨大潜力，但数字化与教育教学"两张皮"现象仍然存在，一些学校花大力气引入的人工智能、大数据、物联网等新技术最后却变成了"摆设"，在教育教学过程中并未发挥应有作用。在这种纷繁复杂的客观情况下，准确把握基础教育数字化融合创新发展水平，透视影响融合创新发展的关键要素和内在关系，是一个关系国家教育数字化战略全局的重要问题。为准确掌握我国基础教育数字化发展水平及差异的客观情况，本研究把智能学习环境、师生数字素养、数字化教学方式、教育数字化效益4个维度作为评估基础教育数字化的基本框架，对北京市、重庆市、广东省、河南省、黑龙江省、湖北省、湖南省、江西省、辽宁省、四川省、浙江省、新疆维吾尔自治区等12个地区的2505所学校进行问卷调查，以了解基础教育数字化融合创新发展情况。

一、样本选择

依据目的性抽样原则,按照我国自然地理分布情况,将抽样区分为东北、华东、华北、华中、华南、西南、西北等七大区域,选取具有代表性的12个地区,采用网络问卷的方式进行调查,一校一问卷,共获得2505份有效数据。其中,东北地区583所学校(占比约23.27%)、华东地区129所学校(占比约5.15%)、华北地区373所学校(占比约14.89%)、华中地区529所学校(占比约21.12%)、华南地区319所学校(占比约12.73%)、西南地区196所学校(占比约7.82%)、西北地区376所学校(占比约15.01%)。调查问卷以学校为单位填写,通过学校校长或数字化负责人视角获取该校教师与学生的日常教学行为和数字素养相关信息,以用于分析研究。(见表5-1)

表5-1 参与调查的学校分布情况

区域	覆盖学校数量/所	学校所在地区	覆盖学校数量/所
东北地区	583	黑龙江	175
		辽宁	408
华东地区	129	浙江	62
		江西	67
华北地区	373	北京	373
华中地区	529	河南	211
		湖北	259
		湖南	59
华南地区	319	广东	319

续表

区域	覆盖学校数量/所	学校所在地区	覆盖学校数量/所
西南地区	196	重庆	78
		四川	118
西北地区	376	新疆	376
总计	2505		

二、研究方法

本研究按照融合指数得分情况,将基础教育数字化融合情况划分为3个等级,即:得分低于或等于50分,为初步融合阶段;得分高于50分,低于或等于80分,为基本融合阶段;得分高于80分,为深度融合阶段。同时,按照基础教育数字化评估模型中4个维度的得分情况,将中小学校的智能学习环境、师生数字素养、数字化教学方式和教育数字化效益4个维度的水平划分为3个等级,即:得分低于或等于50分,为初等水平;得分高于50分,低于或等于80分,为中等水平;得分高于80分,为高等水平。

为了深入分析不同类型学校或不同地区学校的教育数字化融合程度的差距,本研究采用平均离差、极差、标准差、极差率和变异系数,表示不同类型学校或不同地区学校的教育数字化融合程度差异性。这些参数的数值越大,表示不同类型学校或不同地区学校的教育数字化融合程度差异越大;参数的数值越小,表示不同类型学校或不同地区学校的教育数字化融合程度差异越小。其中,平均离差、极差和标准差3个参数反映的是在同一时期内，不同类型学校或不同地区学校的教育数字化融合程度存在的绝对差距；极差率和变异系数两个参数反映的是在同一时期内，不同类型学校或不同地区学校的教育数字化融合程度存在的相对差距。

平均离差指的是每个数据与该组数据总体平均值离差（各指标得分与总体平均值之差）的绝对值的平均数，其计算公式如下：

$$M_D = \frac{1}{n}\sum_{1}^{i=n}|x_i - \bar{x}|$$

极差是指一组数据中的最大值与最小值的差。标准差是指每个数据与该组数据的算术平均数之差平均方的平均数的平方根。极差率是指一组数据中的最大值与最小值的比值。变异系数又称离散系数，是数据总体中各指标的标准差与其算术平均数的比值。通常情况下，如果变异系数高于0.5，则表示不同类型学校或不同地区学校的教育数字化融合程度存在显著不均衡现象；如果变异系数介于0.5和0.15之间，则表示不同类型学校或不同地区学校的教育数字化融合程度存在不均衡现象；如果变异系数低于0.15，则表示不同类型学校或不同地区学校的教育数字化融合程度较为均衡。

三、我国基础教育数字化总体处于基本融合阶段

对全国2505所学校的调查数据进行分析发现：我国基础教育数字化的融合指数得分为63.83分，总体处于基本融合阶段。智能学习环境维度的融合指数得分为39.30分，师生数字素养维度的融合指数得分为63.20分，数字化教学方式维度的融合指数得分为69.85分，教育数字化

效益维度的融合指数得分为79.82分。智能学习环境维度的发展处于初等水平,其余3个维度的发展均处于中等水平。

269所学校(占比约10.74%)的融合指数得分低于50分,处于初步融合阶段。其中,小学138所、初中72所、高中23所、完全中学36所。按照学校所在地进行划分,城区学校为136所、农村学校为101所、城乡接合部学校为32所。

2065所学校(占比约82.44%)的融合指数得分处于50—80分之间,为基本融合阶段。其中,小学1087所、初中501所、高中135所、完全中学342所。按照学校所在地进行划分,城区学校为1349所、农村学校为498所、城乡接合部学校为218所。

171所学校(占比约6.83%)的融合指数得分高于80分,处于深度融合阶段。其中,小学99所、初中26所、高中12所、完全中学34所。按照学校所在地进行划分,城区学校为127所、农村学校为20所、城乡接合部学校为24所。(见表5-2)

总体来看,约10.74%的中小学教育数字化处于初步融合阶段,平均得分为37.04分;约82.44%的中小学教育数字化处于基本融合阶段,平均得分为64.01分;仅有约6.83%的中小学教育数字化处于深度融合阶段,平均得分为86.32分。对不同学校的教育数字化融合指数得分进行差异分析发现,不同学校之间的教育数字化融合指数差异较大,极差值达至68.54,极差率为3.84,变异系数为0.35(介于0.5和0.15之间)。这说明,不同学校的教育数字化融合水平存在不均衡现象,深度融合学校和初步融合学校的差异较为明显。

表5-2 基础教育数字化融合指数得分情况

融合等级	覆盖学校数量/所	学校类型	覆盖学校数量/所
初步融合	269	小学	138
		初中	72
		高中	23
		完全中学	36
基本融合	2065	小学	1087
		初中	501
		高中	135
		完全中学	342
深度融合	171	小学	99
		初中	26
		高中	12
		完全中学	34

四、基础教育数字化融合指数各维度的得分情况分析

本研究对基础教育数字化融合指数的4个维度进行分析。结果显示,智能学习环境的平均得分为39.30分、师生数字素养的平均得分为63.20分、数字化教学方式的平均得分为69.85分、教育数字化效益的平均得分为79.82分。在4个维度中,智能学习环境的平均得分最低,这表明当前中小学校的智能学习环境建设刚刚起步,还不能满足基础教育数

字化转型的要求。教育数字化效益的平均得分最高,这表明学校已经充分认识到教育数字化的重要作用,教育数字化在提高教师教学效能和促进教学方式创新方面呈现出良好效果,但在提供个性化学习服务和提升学生数字素养等方面仍然有较大的发展空间。(见图5-1)

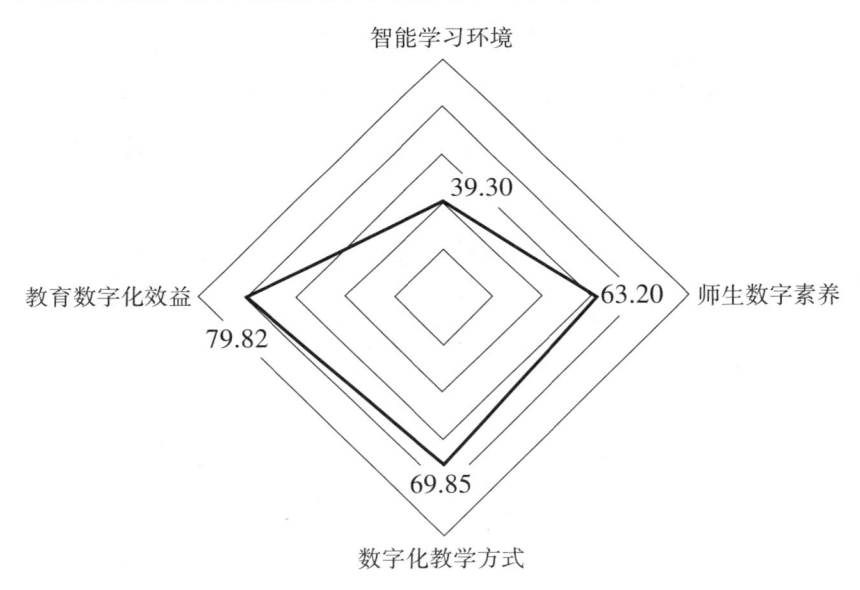

图5-1 基础教育数字化融合指数的各维度得分情况

智能学习环境 39.30
师生数字素养 63.20
数字化教学方式 69.85
教育数字化效益 79.82

本研究对基础教育数字化融合指数的4个维度差异情况进行分析。结果显示,智能学习环境维度平均得分为39.30分,极差值为82.54,极差率为9.91,变异系数为0.27。智能学习环境的变异系数最大,高于师生数字素养、数字化教学方式和教育数字化效益的变异系数,这说明,中小学校的智能学习环境建设存在较为明显的不均衡现象,学校之间的差异程度在4个维度中最为显著。师生数字素养维度平均得分为63.20分,极差值为80.00,极差率为5.00,变异系数为0.25。数字化教学方式维度平均得分为69.85分,极差值为78.00,极差率为4.55,变异系数为0.19。两个维度的变异系数均处于智能学习环境和教育数字化效益得分之间。这说明,师生数字素养和数字化教学方式两个维度的均衡情况优于智能学习环境,但又低于教育数字化效益。教育数字化效益维度平均得分为79.82分,极差值为79.98,极差率为5.00,变异系数为0.17,在4个维度中变异系数最小。这说明,教育数字化效益虽然也存在一定程度的不均衡现象,但差异程度却小于其余3个维度。(见表5-3)

表5-3 基础教育数字化融合指数得分及差异分析

维度	得分	平均离差	极差	极差率	标准差	变异系数
智能学习环境	39.30	13.72	82.54	9.91	16.89	0.27
师生数字素养	63.20	13.57	80.00	5.00	17.19	0.25
数字化教学方式	69.85	11.57	78.00	4.55	15.55	0.19
教育数字化效益	79.82	8.89	79.98	5.00	11.01	0.17

(一)中小学校的智能学习环境维度分析

智能学习环境建设是实施教育数字化转型的基础和前提。《教育强国建设规划纲要(2024—2035年)》提出,推进智慧校园建设,探索数字赋能大规模因材施教、创新性教学的有效途径。中小学校在智能学习环境维度的平均得分为39.30分,处于初等水平。其中,小学的得分为38.89分,初中的得分为39.03分,高中的得分为41.24分,完全中学的得分为40.22分。城区学校的得分为40.30分,农村学校的得分为37.03分、城乡接合部学校的得分为38.56分。这说明,小学和初中的智能学习环境建设相对薄弱,高中和完全中学的智能学习环境建设情况相对较好;城区学校的智能学习环境建设情况明显优于农村学校和城乡接合部学校。

2020所中小学校(占比约80.64%)在智能学校环境维度的得分低于50分,处于初等水平。这些学校的平均得分为20.34分。其中,小学1069所、初中487所、高中131所、完全中学333所;城区学校1271所、农村学校525所、城乡接合部学校224所。

481所中小学校(占比约19.20%)在智能学习环境维度的得分处于50—80分之间,处于中等水平。这些学校的平均得分为62.13分。其中,小学255所、初中111所、高中38所、完全中学77所;城区学校338所、农村学校94所、城乡接合部学校49所。

4所中小学校(占比约0.16%)在智能学习环境维度的得分高于80分,处于高等水平。这4所学校的平均得分为87.25分。其中,初中和高中各1所,完全中学2所;城区学校3所、农村学校1所。(见表5-4)

表5-4 智能学习环境维度各等级覆盖学校情况

融合等级	覆盖学校数量/所	学校类型	覆盖学校数量/所	学校所在地	覆盖学校数量/所
初等水平	2020	小学	1069	城区	1271
		初中	487	农村	525
		高中	131	城乡接合部	224
		完全中学	333		

续表

融合等级	覆盖学校数量/所	学校类型	覆盖学校数量/所	学校所在地	覆盖学校数量/所
中等水平	481	小学	255	城区	338
		初中	111	农村	94
		高中	38	城乡接合部	49
		完全中学	77		
高等水平	4	小学	0	城区	3
		初中	1	农村	1
		高中	1	城乡接合部	0
		完全中学	2		

具体来看,中小学校的智能学习环境建设情况如下:

第一,九成以上的中小学校建有无线网络。整体来看,约54.30%的学校实现了无线网络完全覆盖;约37.10%的学校实现了无线网络部分覆盖;约8.60%的学校无线网络没有覆盖。中小学校的无线网络覆盖情况较好。但是,无线网络的流畅程度尚未达到理想状态,平均得分为2.77分,处于中等水平。其中,约46.50%的学校无线网络比较不流畅或非常不流畅,约17.70%的学校无线网络一般流畅,约27.20%的学校无线网络比较流畅或非常流畅。

第二,中小学校平均建有18间新型教室。目前,中小学校正在积极开展智能教室、未来教室、创客实验室(包括机器人、3D打印等)、非正式学习区等新型教室建设。约20.80%的学校尚未开展新型教室建设;约

66.30%的学校拥有1—10间新型教室;约10.10%的学校拥有11—50间新型教室;约2.80%的学校拥有51间及以上新型教室。

第三,中小学校平均拥有学生智能终端设备约1.6个。约51.20%的学校没有为学生配备平板电脑等智能终端设备;约28.60%的学校拥有1—100台学生用智能终端设备;约7.20%的学校拥有101—200台学生用智能终端设备;约13.00%的学校拥有超过200台学生用智能终端设备。按照每一百名学生拥有平板电脑等智能终端设备的数量来看,样本学校的平均值小于0.2。

总的来说,2505所样本学校的无线网络覆盖情况较好,但网络流畅度并不令人满意;新型教室建设处于起步阶段,学校之间的差异比较明显,仅有约2.80%的学校拥有51间及以上新型教室;学生用智能终端设备还比较低,每一百名学生拥有智能终端数量的平均值小于0.2。无线网络覆盖、新型教室建设和学生用智能终端设备都处于起步阶段,中小学校的智能学习环境建设处于初等水平。

(二)中小学校的师生数字素养维度分析

教师和学生是教育数字化的使用者、建设者和推动者,提高师生数字素养是教育数字化的最终目标。中小学校的师生数字素养平均得分为63.20分,处于中等水平。其中,小学的得分为63.26分,初中的得分为62.41分,高中的得分为62.83分,完全中学的得分为64.32分;城区学校的得分为64.97分,农村学校的得分为58.89分,城乡接合部学校的得分为62.51分。

588所中小学校(占比约23.47%)在师生数字素养维度的得分低于

50分,这些学校的平均得分为34.99分,处于初等水平。其中,小学314所、初中146所、高中38所、完全中等90所;按照学校所在地进行划分,城区学校339所、农村学校182所、城乡接合部学校67所。

1419所中小学校(占比约56.65%)在师生数字素养维度的得分处于50—80分之间,这些学校的平均得分为65.02分,处于中等水平。其中,小学739所、初中344所、高中98所、完全中学238所;按照学校所在地进行划分,城区学校908所、农村学校358所、城乡接合部学校153所。

498所中小学校(占比约19.88%)在师生数字素养维度的得分高于80分,这些学校的平均得分为90.02分,处于高等水平。其中,小学271所、初中109所、高中34所、完全中学84所;按照学校所在地进行划分,城区学校365所、农村学校79所、城乡接合部学校54所。(见表5-5)

表5-5 师生数字素养维度各等级覆盖学校情况

融合等级	覆盖学校数量/所	学校类型	覆盖学校数量/所	学校所在地	覆盖学校数量/所
初等水平	588	小学	314	城区	339
		初中	146	农村	182
		高中	38	城乡接合部	67
		完全中学	90		
中等水平	1419	小学	739	城区	908
		初中	344	农村	358
		高中	98	城乡接合部	153
		完全中学	238		

续表

融合等级	覆盖学校数量/所	学校类型	覆盖学校数量/所	学校所在地	覆盖学校数量/所
高等水平	498	小学	271	城区	365
		初中	109	农村	79
		高中	34	城乡接合部	54
		完全中学	84		

具体来看,中小学校的师生数字素养情况如下:

第一,中小学生能够较为熟练地使用数字技术开展学习活动。中小学生利用数字技术开展学习活动的熟练程度的平均得分为3.48分,处于中等偏上水平。约51.54%的学生能够比较熟练地利用数字技术开展学习活动;约37.83%的学生能够熟练地利用数字技术开展学习活动;约10.63%的学生还不太熟练或比较不熟练地利用数字技术开展学习活动。

第二,近三成的中小学教师从不使用网络教学平台开展教学。网络教学平台是教师开展网络教学和在线学习的支撑环境,包括科大讯飞、ClassIn、UMU互动学习平台、雨课堂、班级优化大师等教学平台。教师使用网络教学平台的平均得分为3.04分,处于中等水平。约36.27%的学校教师经常使用或每天使用网络教学平台;约34.25%的学校教师偶尔使用网络教学平台,约29.48%的学校教师几乎不用或从不使用网络教学平台。

第三,超三成的中小学教师从不使用学科教学APP开展教学。中小学教师使用学科教学APP频率的平均值为2.88,处于中等水平。其中,约31.05%的教师经常使用或每天使用学科教学APP;约33.58%的教师偶尔使用学科教学APP;约35.37%的教师几乎不用或从不使用学科教学APP。

第四,超五成的中小学教师经常使用智慧校园管理平台。中小学教师使用智慧校园管理平台的平均得分为3.42分,处于中等偏上水平。其中,约53.29%的教师经常使用或每天使用智慧校园管理平台;约23.31%的教师偶尔使用智慧校园管理平台;约23.40%的教师几乎不用或从不使用智慧校园管理平台。

总的来说,师生数字素养处于中等水平,学生利用数字技术开展学习的活动相对更多,教师利用智慧校园管理平台较为普遍,但教师使用网络教学平台、学科教学APP开展教学的情况相对较少。这说明,学生对数字技术的接受程度较高,使用数字技术也更加熟练,但教师利用数字技术开展网络教学活动还比较少。

(三)中小学校的数字化教学方式维度分析

数字化教学方式是中小学校利用数字技术开展教学活动的统称,是教育数字化在课堂中的具体实施。调查显示,中小学校数字化教学方式的平均得分为69.85分,处于中等水平。其中,小学的得分为70.36分,初中的得分为68.74分,高中的得分为67.78分,完全中学的得分为70.65分;城区学校的得分为71.53分,农村学校的得分为65.56分,城乡接合部学校的得分为69.61分。

325所中小学校(占比约12.97%)在数字化教学方式维度的得分低于50分,这些学校的平均得分为35.95分,处于初等水平。其中,小学166所、初中83所、高中26所、完全中学50所;按照学校所在地划分,城区学校174所、农村学校119所、城乡接合部学校32所。

1392所中小学校(占比约55.57%)在数字化教学方式维度的得分处于50—80分之间,这些学校的平均得分为60.05分,处于中等水平。其中,小学722所、初中347所、高中99所、完全中学224所;按照学校所在地划分,城区学校870所、农村学校362所、城乡接合部学校160所。

788所中小学校(占比约31.46%)在数字化教学方式维度的得分高于80分,这些学校的平均得分为90.09分,处于高等水平。其中,小学436所、初中169所、高中45所、完全中学138所;按照学校所在地划分,城区学校568所、农村学校138所、城乡接合部82所。(见表5-6)

表5-6 数字化教学方式维度各等级覆盖学校情况

融合等级	覆盖学校数量/所	学校类型	覆盖学校数量/所	学校所在地	覆盖学校数量/所
初等水平	325	小学	166	城区	174
		初中	83	农村	119
		高中	26	城乡接合部	32
		完全中学	50		
中等水平	1392	小学	722	城区	870
		初中	347	农村	362
		高中	99	城乡接合部	160
		完全中学	224		

续表

融合等级	覆盖学校数量/所	学校类型	覆盖学校数量/所	学校所在地	覆盖学校数量/所
高等水平	788	小学	436	城区	568
		初中	169	农村	138
		高中	45	城乡接合部	82
		完全中学	138		

具体来看，中小学校的数字化教学方式情况如下：

第一，中小学教师使用数字技术开展常规教学活动已经成为普遍现象。教师开展数字化教学情况主要从备课、课堂教学和资源分享3个层面进行调查。中小学教师开展数字化教学情况的平均得分为4.24分，处于高等水平。占比约89.22%学校的教师每天使用或经常使用数字技术进行备课，使用频率较低的学校约占1.93%；占比约92.33%学校的教师每天使用或经常使用数字技术进行课堂教学，使用频率较低的学校约占0.81%；占比约86.06%学校的教师每天使用或经常使用数字技术进行资源分享，使用频率较低的学校约占1.5%。这说明，教师使用数字技术开展常规教学活动的情况较好，其中，每天使用或经常使用数字技术进行课堂教学的学校比例最高，达92.33%。可以看出，随着教育数字化的持续推进，教师利用数字技术开展常规教学的活动已经成为普遍现象。

第二，中小学教师使用数字技术更多是开展课堂讲授，较少开展探究实践。数字化教学主要从课堂讲授、自主学习、合作学习、探究实践4个方面进行调查。中小学教师的数字化教学平均得分为3.55分，处于中等偏上水平。其中，教师利用数字技术进行课堂讲授的学校占比最高，利用数字技术开展探究实践的学校占比最低。占比约83.32%的学校非常符合或比较符合经常利用数字技术进行课堂讲授；占比约63.73%的学校非常符合或比较符合经常利用数字技术开展自主学习；占比约60.35%的学校非常符合或比较符合经常利用数字技术开展合作学习；占比约54.78%的学校非常符合或比较符合经常利用数字技术开展探究实践。这说明，中小学教师使用数字技术更多是开展课堂讲授，较少开展探究实践，利用数字技术进行课堂讲授的学校占比远高于利用其他教学方式的学校占比。

第三，中小学生使用数字技术更多的是开展课堂学习，较少的是查找资料和自主学习。中小学生数字化学习使用频率的平均得分为3.19分，处于中等偏上水平。占比约47.48%的学生每天使用或经常使用数字技术查找资料，占比约42.00%的学生偶尔使用数字技术查找资料，占比约10.52%的学生几乎不使用或从不使用数字技术查找资料；占比约52.90%的学生每天使用或经常使用数字技术进行课堂学习，占比约33.32%的学生偶尔使用数字技术进行课堂学习，占比约13.78%的学生几乎不使用或从不使用数字技术进行课堂学习；占比约41.53%的学生每天使用或经常使用数字技术进行自主学习，占比约40.67%的学生偶尔使用数字技术进行自主学习，占比约17.82%的学生几乎不使用或从不使用数字技术进行自主学习。这说明，学生使用数字技术更多的是开展课堂学习，较少的是查找资料和自主学习。

调查显示，在数字化教学方式的3个指标中，中小学教师开展数字化教学情况的平均得分高达4.24分,处于高等水平。但中小学教师的数字化教学和中小学数字化学习使用频率却都处于中等偏上水平,平均得分分别为3.55分和3.19分。这说明,中小学教师使用数字技术主要是开展课堂教学,中小学生使用数字技术主要是开展课堂学习,而使用数字技术开展探究实践和自主学习的比例还不高。

(四)中小学校的教育数字化效益维度分析

在本研究中,教育数字化效益是指中小学校对教育数字化实践效果的自我感知情况。中小学校在教育数字化效益维度的平均得分为79.82分,处于中等偏上水平。其中,小学的得分为80.89分,初中的得分为78.08分,高中的得分为78.58分,完全中学的得分为79.46分;城区学校的得分为80.36分,农村学校的得分为79.22分,城乡接合部学校的得分为78.03分。

91所中小学校(占比约3.63%)在教育数字化效益维度的得分低于50分,这些学校的平均得分为34.93分。其中,小学47所、初中25所、高中8所、完全中学11所;按照学校所在地划分,城区学校50所、农村学校29所、城乡接合部学校12所。

838所中小学校(占比为33.45%)在教育数字化效益维度的得分处于50—80分之间,这些学校的平均得分为64.91分。其中,小学410所、初中224所、高中62所、完全中学142所;按照学校所在地划分,城区学校524所、农村学校209所、城乡接合部学校105所。

1576所中小学校(占比约62.91%)在教育数字化效益维度的得分高

于80分,这些学校的平均得分为90.09分。其中,小学867所、初中350所、高中100所、完全中学259所;按照学校所在地进行划分,城区学校1038所、农村学校381所、城乡接合部学校157所。(见表5-7)

表5-7 教育数字化效益维度各融合等级覆盖学校情况

融合等级	覆盖学校数量/所	学校类型	覆盖学校数量/所	学校所在地	覆盖学校数量/所
初等水平	91	小学	47	城区	50
		初中	25	农村	29
		高中	8	城乡接合部	12
		完全中学	11		
中等水平	838	小学	410	城区	524
		初中	224	农村	209
		高中	62	城乡接合部	105
		完全中学	142		
高等水平	1576	小学	867	城区	1038
		初中	350	农村	381
		高中	100	城乡接合部	157
		完全中学	259		

具体来看,中小学校的教育数字化效益情况如下:

第一,超八成的中小学校认为教育数字化提升了学生的数字素养。教育数字化提升学生数字素养的平均得分为3.99分,处于中等偏上水平,已经非常接近高等水平。占比约84.35%的学校比较同意或非常同意教育数字化提升了学生的数字素养,占比约4.98%的学校同意教育数字化提升了学生的数学素养,占比约10.67%的学校不同意或非常不同意教育数字化提升了学生的数字素养。

第二,超八成的中小学校认为教育数字化提升了教师的教学效能。教育数字化提升教师教学效能情况的平均得分为4.17分,处于高等水平。占比约84.35%的学校比较同意或非常同意教育数字化提升了教师的教学效能,占比约13.17%的学校同意教育数字化提升了教师的教学效能,占比约2.48%的学校不同意或非常不同意教育数字化提升了教师的教学效能。

第三,超七成的中小学校认为教育数字化为学生提供了个性化服务。教育数字化为学生提供个性化服务情况的平均得分为3.81分,处于中等偏上水平。占比约75.79%的学校比较同意或非常同意教育数字化为学生提供了个性化服务,占比约16.30%的学校同意教育数字化为学生提供了个性化服务,占比约7.91%的学校不同意或非常不同意教育数字化为学生提供了个性化服务。

第四,超八成的中小学校认为教育数字化推动了教学方式变革。教育数字化推动教学方式变革情况的平均得分为4.00分,处于高等水平。占比约85.63%的学校比较同意或非常同意教育数字化推动了教学方式变革,占比约9.97%的学校同意教育数字化推动了教学方式变革,占比约4.40%的学校不同意或非常不同意教育数字化推动了教学方式变革。

调查显示,教育数字化提升教师教学效能情况(4.17分)和推动教学方式变革情况(4.00分)的平均得分都超过或达到4.00分,均处于高等水平,而教育数字化提升学生数字素养和为学生提供个性化服务的平均得分都大于2.50分小于4.00分,均处于中等偏上水平。其中,教育数字化为学生提供个性化服务的得分最低。这说明,中小学校已经普遍认识到教育数字化对促进教育改革发展的重要作用,但在创设个性化学习机会方面还有很大的潜力可以挖掘。

五、各地区基础教育数字化融合情况

对12个地区的基础教育数字化融合指数得分进行分析,结果显示,各地区基础教育数字化融合指数得分均在50—80分之间,这说明,我国基础教育数字化处于基本融合阶段。其中,浙江省的基础教育数字化融合指数得分最高(67.89分,第一名),湖北省(67.20分,第二名)和北京市(66.22分,第三名)紧随其后。其余地区的基础教育数字化融合指数按得分排名依次是:广东省(65.37分,第四名)、四川省(64.38分,第五名)、辽宁省(62.86分,第六名)、黑龙江省(62.72分,第七名)、新疆维吾尔自治区(62.13分,第八名)、重庆市(61.65分,第九名)、河南省(61.09分,第十名)、湖南省(59.66分,第十一名)、江西省(58.71分,第十二名)。这说明,浙江省的基础教育数字化融合发展情况最好,4个维度得分普遍较高。其中,智能学习环境得分为43.23分,排名第四;师生数字素养得分为71.25分,排名第一;数字化教学方式得分为70.92分,排名第八;教育数字化效益得分为81.94分,排名第二。12个地区的基础教育数字化融合指数平均值为63.32分,得分高于平均值的有浙江省、湖北省、北京市、广东省、四川省等5个地区,低于平均值的有辽宁省、黑龙江省、新疆维吾尔

自治区、重庆市、河南省、湖南省、江西省等7个地区。(见图5-2)

(单位:分)

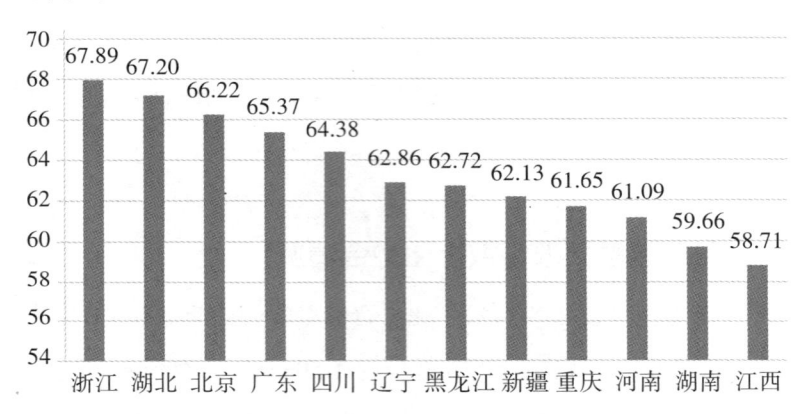

图5-2 各地区基础教育数字化融合指数得分对比

各地区得分:浙江67.89、湖北67.20、北京66.22、广东65.37、四川64.38、辽宁62.86、黑龙江62.72、新疆62.13、重庆61.65、河南61.09、湖南59.66、江西58.71。

(一)各地区基础教育数字化融合4个维度的得分情况分析

第一,12个地区的智能学习环境建设均处于初等水平,辽宁省的智能学习环境建设情况最好,这可能与当地重视智慧校园、创客教育、STEM教育等相关工作有关。各地区的智能学习环境得分均低于50分,都处于初等水平。其中,辽宁省的智能学习环境得分排名最高(47.15分,第一名),湖南省(46.34分,第二名)、江西省(46.25分,第三名)紧随其后。其余地区的智能学习环境按得分排名依次为:浙江省(43.23分,第四名)、黑龙江省(42.38分,第五名)、重庆市(40.16分,第六名)、广东省(38.65分,第七名)、新疆维吾尔自治区(38.06分,第八名)、湖北省(37.52分,第九名)、北京市(35.54分,第十名)、四川省(34.98分,第十一名)、河南省(30.37分,第十二名)。12个地区的智能学习环境得分平均值为39.30分,得分高于平均值的有辽宁省、湖南省、江西省、浙江省、黑龙江省、重庆市等6个地区,低于平均值的有广东省、新疆维吾尔自治区、湖北省、北京市、四川省、河南省等6个地区。(见图5-3)

(单位:分)

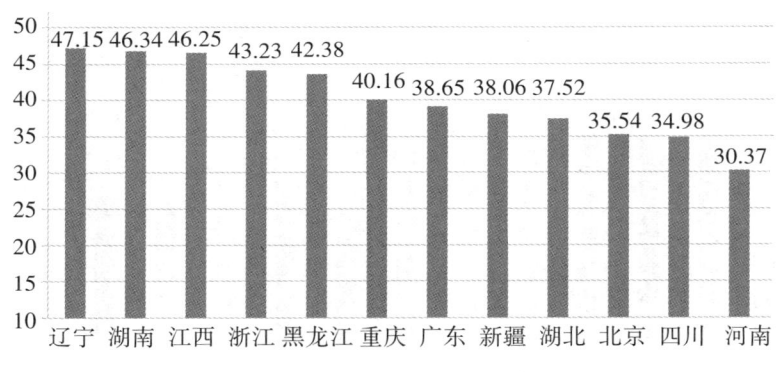

地区	得分
辽宁	47.15
湖南	46.34
江西	46.25
浙江	43.23
黑龙江	42.38
重庆	40.16
广东	38.65
新疆	38.06
湖北	37.52
北京	35.54
四川	34.98
河南	30.37

图5-3 各地区智能学习环境得分情况对比

第二,12个代表性地区的师生数字素养均处于中等水平,浙江的师生数字素养得分高于其余11个地区,这可能与当地率先将信息技术纳入高考科目等举措有关。各地区的师生数字素养得分均在50—80分之间,其中,浙江省的师生数字素养得分最高(71.25分,第一名),四川省(67.83分,第二名)和湖北省(67.81分,第三名)紧随其后。其余地区的师生数字素养按得分排名依次为:北京市(67.12分,第四名)、广东省(66.12分,第五名)、湖南省(63.75分,第六名)、重庆市(62.62分,第七名)、辽宁省(62.39分,第八名)、江西省(62.04分,第九名)、河南省(58.33分,第十名)、黑龙江省(57.84分,第十一名)、新疆维吾尔自治区(57.22分,第十二名)。12个地区的师生数字素养得分平均值为63.20分,得分高于平均值的有浙江省、四川省、湖北省、北京市、广东省、湖南省等6个地区,低于平均值的有重庆市、辽宁省、江西省、河南省、黑龙江省、新疆维吾尔自治区等6个地区。(见图5-4)

(单位:分)

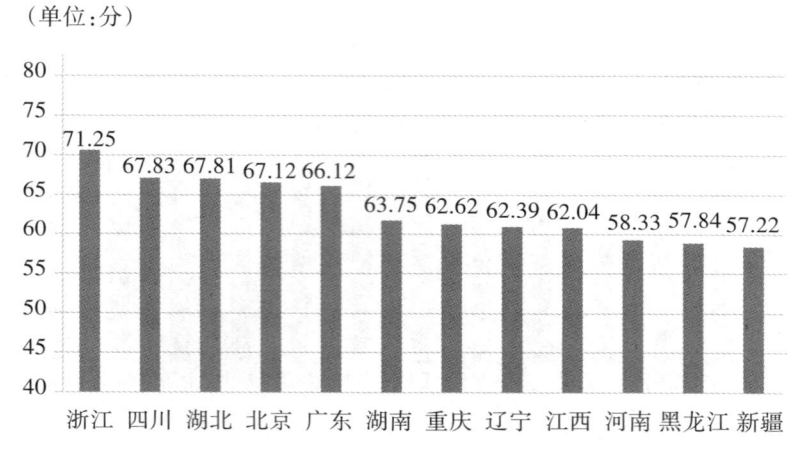

图5-4 各地区师生数字素养得分情况对比

第三,在12个地区中,大部分地区的数字化教学方式均处于中等水平,北京市的数字化教学方式得分最高(78.30分),这可能与当地注重推动课程教学改革有关。而江西省的数字化教学方式得分仅有48.87分,处于初等水平,其余地区的数字化教学方式得分均在50—80分之间,都处于中等水平。其中,北京市的数字化教学方式得分排名第一(78.30分),湖北省(76.04分,第二名)和广东省(74.51分,第三名)紧随其后。其余地区的数字化教学方式按得分排名依次为:四川省(73.53分,第四名)、河南省(72.33分,第五名)、黑龙江省(72.17分,第六名)、新疆维吾尔自治区(71.00分,第七名)、浙江省(70.92分,第八名)、重庆市(61.94

分,第九名)、辽宁省(57.61分,第十名)、湖南省(51.31分,第十一名)、江西省(48.87分,第十二名)。12个地区的数字化教学方式得分平均值为69.85分,得分高于平均值的有北京市、湖北省、广东省、四川省、河南省、黑龙江省、新疆维吾尔自治区、浙江省等8个地区,低于平均值的有重庆市、辽宁省、湖南省、江西省等4个地区。(见图5-5)

(单位:分)

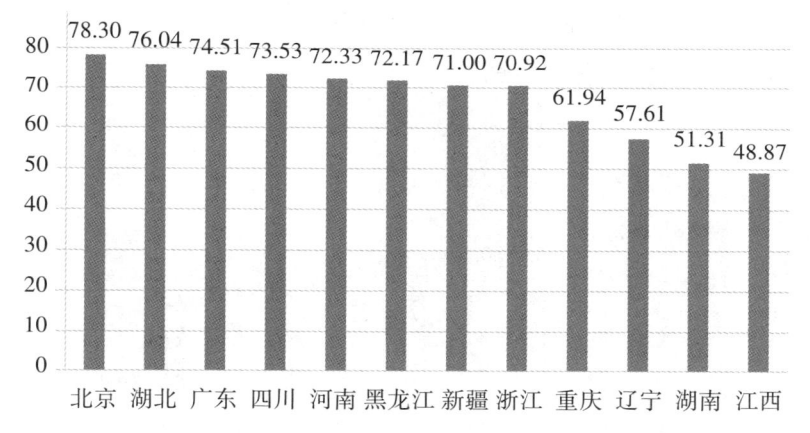

图5-5 各地区数字化教学方式得分情况对比

第四,在12个地区中,一半地区的教育数字化效益处于高等水平,一半地区的教育数字化效益处于中等水平。湖北省、浙江省、北京市、河南省、新疆维吾尔自治区、辽宁省等6个地区的教育数字化效益得分高于80分,处于高等水平。其中,湖北省的教育数字化效益得分最高(83.86分,第一名),其余地区的教育数字化效益按得分排名依次为:浙江省(81.94分,第二名)、北京市(80.93分,第三名)、河南省(80.42分,第四名)、新疆维吾尔自治区(80.21分,第五名)、辽宁省(80.09分,第六名)。另外6个地区的教育数字化效益得分均在50—80分之间,处于中等水平。这些地区的教育数字化效益按得分排名依次为:广东省(79.27分,第七名)、重庆市(77.80分,第八名)、四川省(77.52分,第九名)、黑龙江省(77.30分,第十名)、江西省(72.66分,第十一名)、湖南省(72.36分,第十二名)。12个地区的教育数字化效益得分平均值为79.82分,得分高于平均值的有湖北省、浙江省、北京市、河南省、新疆维吾尔自治区、辽宁省等6个地区,低于平均值的有广东省、重庆市、四川省、黑龙江省、江西省、湖南省等6个地区。(见图5-6)

(单位:分)

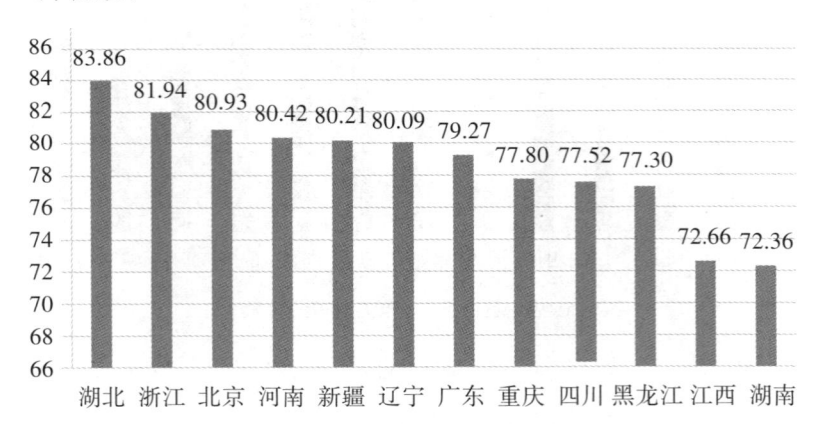

地区	得分
湖北	83.86
浙江	81.94
北京	80.93
河南	80.42
新疆	80.21
辽宁	80.09
广东	79.27
重庆	77.80
四川	77.52
黑龙江	77.30
江西	72.66
湖南	72.36

图5-6 各地区教育数字化效益得分情况对比

(二)省际的基础教育数字化融合差异分析

为进一步探究不同地区的基础教育数字化融合情况差异,我们采用单因素方差分析法,对12个地区的基础教育数字化融合指数得分进行分析。结果表明,不同地区的教育数字化融合指数存在着显著性差异($F=10.38, P<0.001$),并呈现出3个阶梯的发展特征。其中,浙江省、湖

北省、北京市、广东省处于第一梯队；四川省处于第二梯队；辽宁省、黑龙江省、新疆维吾尔自治区、重庆市、河南省、湖南省、江西省处于第三梯队。第一梯队地区的基础教育数字化融合情况明显优于第三梯队地区，即浙江省、湖北省、北京市、广东省的教育数字化融合情况明显优于辽宁省、黑龙江省、新疆维吾尔自治区、重庆市、河南省、湖南省和江西省。在第一梯队内部，浙江省、湖北省、北京市、广东省的基础教育数字化融合情况虽然存在差异，但尚未达到显著性水平。在第三梯队内部，辽宁省和黑龙江省的基础教育数字化融合情况明显优于湖南省和江西省，其余地区之间的基础教育数字化融合情况不存在显著性差异。

1.基础教育数字化发展的智能学习环境建设情况

在智能学习环境方面，基础教育数字化发展第一梯队浙江省、湖北省、北京市、广东省的智能学习环境平均得分为38.74分，第二梯队四川省的平均得分为34.98分，第三梯队辽宁省、黑龙江省、新疆维吾尔自治区、重庆市、河南省、湖南省、江西省的平均得分为41.53分，第三梯队的智能学习环境建设情况优于第二梯队和第一梯队，该结果与基础教育数字化融合指数整体情况形成了鲜明反差。这说明，信息化软、硬件条件的好坏，并不能直接决定基础教育数字化的融合发展水平。

从具体指标可以看出，北京市和湖北省的网络覆盖情况与新型教室建设情况发展均处较低水平；辽宁省、湖南省和江西省的网络覆盖情况发展均处于较高水平，辽宁省和湖南省的智能终端配备情况也相对较好，这直接导致了第三梯队的智能学习环境得分优于第二梯队和第一梯队。其中，北京市得分较低的原因是其智能学习环境的3个指标得分均比较低,在373所学校中,网络覆盖度情况较好的学校有47所(占比约12.60%),新型教室建设较为完备的学校有7所(占比约1.88%),每一百名学生拥有平板电脑等智能终端设备大于或等于1台的有25所(占比约6.70%);湖北省得分低的原因是因为其网络覆盖情况和新型教室建设情况发展较差,在259所学校中,网络覆盖情况较好的学校仅有6所(占比约2.32%),新型教室建设较为完备的学校有26所(占比约10.04%)。辽宁省和湖南省的智能学习环境得分高的原因是其网络覆盖情况和智能终端配备情况发展较好。在辽宁省的408所学校中,网络覆盖度情况较好的学校有273所(占比约66.91%),每一百名学生拥有平板电脑等智能终端设备大于或等于1台的学校有301所(占比约73.77%);在湖南省的59所学校中,网络覆盖情况较好的学校有37所(占比约62.71%),每一百名学生拥有平板电脑等智能终端设备大于或等于1台的学校有22所(占比约37.29%)。

2. 基础教育数字化发展的师生数字素养水平

在师生数字素养方面,基础教育数字化发展第一梯队浙江省、湖北省、北京市、广东省的师生数字素养平均得分为67.24分,第二梯队四川省的平均得分为67.83分,第三梯队辽宁省、黑龙江省、新疆维吾尔自治区、重庆市、河南省、湖南省、江西省的平均得分为59.83分。第二梯队的师生数字素养水平优于第一梯队,并且与第三梯队存在显著性差异。造成这个结果的原因是,在第一梯队中,广东省的师生数字素养得分相对较低,在第二梯队中,四川省的师生数字素养得分相对较高。从师生数字素养的具体指标来看,广东省得分较低的原因是网络教学平台和学科教学APP使用情况一般,在319所学校中,教师经常使用或每天使用网络教学平台的学校有119所(占比约37.30%);教师经常使用或每天使用学科教学APP的学校有91所(占比约28.53%)。四川省的师生数字素养水平得分较高的原因是学生利用数字技术开展学习情况和教师使用智慧校园网络管理平台情况较好,在118所学校中,学生利用数字技术开展学习活动的熟练程度较高的学校有61所(占比约51.69%),教师经常使用或每天使用智慧校园管理平台的学校有63所(占比约53.39%)。

3.基础教育数字化发展的数字化教学方式发展水平

在数字化教学方式方面,基础教育数字化发展第一梯队浙江省、湖北省、北京市、广东省的数字化教学方式平均得分为76.08分,第二梯队四川省的平均得分为73.53分,第三梯队辽宁省、黑龙江省、新疆维吾尔自治区、重庆市、河南省、湖南省、江西省的平均得分为64.94分,第一梯队的数字化教学方式发展水平明显优于第二梯队和第三梯队,该结果与基础教育数字化融合指数的整体情况完全一致。这表明,数字化教学方式是基础教育数字化转型的关键环节,其表现极大地影响并决定了基础教育数字化融合创新发展的状态。

4.基础教育数字化发展的教育数字化效益情况

在教育数字化效益方面,基础教育数字化发展第一梯队浙江省、湖北省、北京市、广东省的教育数字化效益平均得分为81.22分,第二梯队四川省的平均得分为77.52分,第三梯队辽宁省、黑龙江省、新疆维吾尔自治区、重庆市、河南省、湖南省、江西省的平均得分为78.99分,第三梯队的教育数字化效益得分明显优于第二梯队,该结果与基础教育数字化融合指数的整体情况有一定差异。造成这个结果的原因是，第三梯队中辽宁省、新疆维吾尔自治区和黑龙江省的教育数字化效益得分较高，而第二梯队中四川省的教育数字化效益得分较低。从教育数字化效益的具体指标来看，四川省教育数字化为学生提供个性化服务情况的表现较差，在118所学校中，比较同意或非常同意教育数字化为学生提供个性化服务的学校有69所（占比约58.47%）。辽宁省得分高的原因是，在教育数字化效益的4个指标中，3个指标的发展水平都比较高，在408所学校中，比较同意或非常同意教育数字化提升学生数字素养的学校有327所（占比约80.15%）；比较同意或非常同意教育数字化提高教师教学效能的学校有355所（占比约87.01%），比较同意或非常同意教育数字化推动教学方式变革的学校有308所（占比约75.49%）。新疆维吾尔自治区得分高的原因是，在376所学校中，比较同意或非常同意教育数字化提高教师教学效能的学校有319所（占比约84.84%）；比较同意或非常同意教育数字化推动教学方式变革的学校有289所（占比约76.86%）。黑龙江省得分高的原因是，在175所学校中，比较同意或非常同意教育数字化提升学生数字素养的学校有138所（占比约78.86%）。可以看出，辽宁省和新疆维吾尔自治区在教育数字化提高教师教学效能以及推动教学方式变革方面很有信心，辽宁省和黑龙江省在教育数字化提升学生数字素养发展方面很有信心。而四川省在教育数字化为学生提供个性化服务方面信心不足，导致四川省的教育数字化效益得分低于辽宁省、新疆维吾尔自治区和黑龙江省，进而造成第三梯队的教育数字化效益得分高于第二梯队的教育数字化效益得分。（见表5-8）

总体来看,基础教育数字化发展第一梯队的基础教育数字化融合发展情况最好,师生数字素养、数字化教学方式和教育数字化效益的平均得分明显优于第三梯队,但智能学习环境建设的平均得分却又弱于第三梯队。这说明,智能学习环境只是开展基础教育数字化融合发展的基础和前提,更重要的是充分利用信息化软、硬件条件提升师生数字素养,深入开展数字化教学创新,不断提升教育数字化效益,而不是一味将目光放在智能学习环境建设上。

表5-8 省际基础教育数字化融合各维度的差异分析

梯队	智能学习环境 均值	智能学习环境 标准差	师生数字素养 均值	师生数字素养 标准差	数字化教学方式 均值	数字化教学方式 标准差	教育数字化效益 均值	教育数字化效益 标准差
第一梯队	38.74	12.59	67.24	15.66	76.08	14.27	81.22	14.41
第二梯队	34.98	12.18	67.83	15.56	73.53	12.44	77.52	14.54
第三梯队	41.53	14.33	59.83	17.14	64.94	17.94	78.99	16.35

(三)省域内的基础教育数字化融合差异分析

对12个地区的基础教育数字化融合指数以及智能学习环境、师生数字素养、数字化教学方式、教育数字化效益4个维度的得分进行差异分析,结果表明,各地区的基础教育数字化融合指数4个维度的变异系数均介于0.15和0.50之间。这说明,各地区基础教育数字化融合发展存在一定的不均衡现象,在智能学习环境、师生数字素养、数字化教学方式、教育数字化效益4个维度也存在一定的不均衡现象,但均未达到显著性水平。

1. 基础教育数字化融合发展相对均衡与相对不均衡地区

在12个地区中,广东省和浙江省在基础教育数字化融合指数上的变异系数为0.15,变异系数最小,北京市和四川省的变异系数为0.16,江西省和辽宁省的变异系数为0.17,河南省和新疆维吾尔自治区的变异系数为0.18,重庆市的变异系数为0.19,黑龙江省和湖南省的变异系数为0.21,变异系数最大。这说明,广东省和浙江省的基础教育数字化融合创新发展相对比较均衡,其余各地区的基础教育数字化均存在一定的不均衡现象,但尚未达到显著性水平。其中,新疆维吾尔自治区(66.38)和黑龙江省(66.35)的极差值远高于其他地区,这说明,新疆维吾尔自治区和黑龙江省的教育数字化高融合学校与低融合学校之间差异相对其他地区更加明显。特别是,黑龙江省和湖南省的基础教育数字化变异系数最大。这说明,黑龙江省和湖南省的基础教育数字化融合发展内部差异比较明显,出现了一定程度的不均衡现象。江西省和浙江省的基础教育数字化极差值相对较小,分别是48.13和48.55。这说明,江西省和浙江省的教育数字化高融合学校与低融合学校之间差异相对其他地区更小。特别是,浙江的基础教育数字化变异系数与广东省并列最小。这说明,浙江省的教育数字化高融合学校与低融合学校之间差异最小,基础教育数字化融合发展相对更加均衡。(见表5-9)

表5-9 不同地区的教育数字化融合指数差异分析

地区	平均离差	极差	极差率	标准差	变异系数
北京	8.44	53.27	2.35	10.37	0.16

续表

地区	平均离差	极差	极差率	标准差	变异系数
广东	7.50	57.30	2.86	9.53	0.15
河南	9.09	55.26	2.89	11.26	0.18
黑龙江	10.59	66.35	3.57	13.15	0.21
湖北	8.39	55.10	2.60	10.48	0.16
湖南	9.52	56.94	3.36	12.48	0.21
江西	7.32	48.13	2.51	9.75	0.17
辽宁	8.61	58.19	2.92	10.52	0.17
四川	8.44	54.67	2.61	10.58	0.16
新疆	9.00	66.38	3.61	11.12	0.18
浙江	8.04	48.55	2.23	9.89	0.15
重庆	9.45	56.40	2.93	11.73	0.19

2.智能学习环境建设相对均衡与相对不均衡地区

在12个地区中,河南省在智能学习环境上的变异系数为0.43,变异系数最大,江西省在智能学习环境上的变异系数为0.18,变异系数最小,其余各地区的变异系数分别为：新疆维吾尔自治区0.40、北京市0.36、黑龙江省0.36、湖北省0.35、四川省0.35、重庆市0.33、广东省0.31、浙江省0.28、湖南省0.24、辽宁省0.22。12个地区的智能学习环境变异系数值均介于0.15和0.50之间,这说明,各地区的智能学习环境建设均存在不均衡现象,江西省的智能学习环境建设相对均衡,河南省的智能学习环境建设相对不均衡。其中,河南省、黑龙江省、湖北省、辽宁省和新疆维吾尔自治区的极差值均为80.00,这说明,河南省等5个地区的高水平智能学习环境学校和低水平智能学习环境学校之间差异更加明显。特别是,河南省的智能学习环境变异系数最大。这说明,河南省的智能学习环境建设内部差异比较明显,存在一定程度的不均衡现象。浙江省和江西省的极差值相对较小,分别为62.56和63.72,这说明,浙江省和江西省的高水平智能学习环境学校和低水平智能学习环境学校之间差异相对较小。特别是,江西的智能学习环境变异系数最小。这说明,江西省的高水平智能学习环境学校和低水平智能学习环境学校之间差异最小,智能学习环境建设更加均衡。(见表5-10)

表5-10 不同地区的智能学习环境差异分析

地区	平均离差	极差	极差率	标准差	变异系数
北京	13.92	76.94	4.34	12.66	0.36
广东	11.76	71.28	3.48	11.84	0.31
河南	13.96	80.00	5.00	13.31	0.43
黑龙江	15.59	80.00	5.00	15.23	0.36
湖北	12.10	80.00	5.00	12.97	0.35
湖南	13.37	73.32	3.75	11.15	0.24
江西	10.30	63.72	3.39	8.21	0.18
辽宁	13.79	80.00	5.00	10.31	0.22

续表

地区	平均离差	极差	极差率	标准差	变异系数
四川	12.48	73.22	3.73	12.18	0.35
新疆	13.68	80.00	5.00	15.41	0.40
浙江	11.13	62.56	2.67	12.10	0.28
重庆	13.66	71.28	3.48	13.42	0.33

3.师生数字素养水平相对均衡与相对不均衡地区

在12个地区中,黑龙江省在师生数字素养上的变异系数为0.36,变异系数最大,河南省(0.30)和新疆维吾尔自治区(0.30)次之,浙江省的变异系数最小(0.19),其余各地区的师生数字素养变异系数依次为:湖南省0.27、重庆市0.27、辽宁省0.26、北京市0.25、四川省0.23、广东省0.22、湖北省0.22、江西省0.21。12个地区的师生数字素养变异系数均介于0.15和0.50之间,这说明各地区的师生数字素养水平均存在不均衡现象,浙江省的师生数字素养水平相对均衡,而黑龙江省的师生数字素养水平相对不均衡。其中,黑龙江省、湖南省、江西省、辽宁省、新疆维吾尔自治区和重庆市的师生数字素养水平差异较大,极差值均达到80.08,这说明,黑龙江省等6个地区的师生高水平数字素养学校和师生低水平数字素养学校之间差异更为明显。特别是,黑龙江省的师生数字素养变异系数最高。这说明,黑龙江省的师生数字素养内部差异比较明显,出现了一定程度的不均衡现象。浙江省的师生数字素养变异系数和极差值均为最低,这说明,浙江省的师生高水平数字素养学校和师生低水平数字素养学校之间差异最小,师生数字素养水平相对更加均衡。(见表5-11)

表5-11 不同地区的师生数字素养差异分析

地区	平均离差	极差	极差率	标准差	变异系数
北京	11.07	70.64	3.40	16.92	0.25
广东	10.46	75.54	4.08	14.85	0.22
河南	11.01	65.22	2.87	17.65	0.30
黑龙江	13.10	80.08	5.00	18.96	0.36
湖北	11.42	60.58	2.53	15.09	0.22
湖南	15.25	80.08	5.00	17.14	0.27
江西	12.83	80.08	5.00	13.15	0.21
辽宁	11.26	80.08	5.00	16.40	0.26
四川	11.62	66.10	2.94	15.56	0.23
新疆	12.98	80.08	5.00	16.95	0.30
浙江	10.68	60.06	2.50	13.69	0.19
重庆	11.11	80.08	5.00	16.75	0.27

4.数字化教学开展相对均衡与相对不均衡地区

在12个地区中,湖南省在数字化教学方式上的变异系数为0.40,变异系数最大,广东省和四川省的变异系数最小,均为0.17,其余各地区的变异系数为:江西省0.34、重庆市0.29、辽宁省0.28、浙江省0.23、黑龙江省0.22、新疆维吾尔自治区0.22、河南省0.21、北京市0.19、湖北省0.18，12个地区的数字化教学方式变异系数均介于0.15和0.50之间，这说明，各地区的数字化教学方式均存在不均衡现象，四川省和广东省的数字化教学开展相对均衡，湖南省的数字化教学开展相对不均衡。其中，新疆维吾尔自治区的数字化教学方式极差值最大(76.78)，这说明，新疆维吾尔自治区的高水平数字化教学方式学校和低水平数字化教学方式学校之间差异最为明显，数字化教学开展不均衡。辽宁省的数字化教学方式内部差异最小，极差值为58.08，这说明，辽宁省的高水平数字化教学方式学校和低水平数字化教学方式学校之间差异最小，数字化教学开展相对均衡。四川省的数字化教学方式极差值(59.01)略大于辽宁省，这说明，四川省的高水平数字化教学方式学校和低水平数字化教学方式学校之间差异相对较小，数字化教学开展相对更加均衡。(见表5-12)

表5-12 不同地区的数字化教学方式差异分析

地区	平均离差	极差	极差率	标准差	变异系数
北京	11.92	74.14	3.86	15.01	0.19
广东	10.07	69.72	3.29	12.66	0.17
河南	11.90	76.12	4.17	15.11	0.21
黑龙江	12.67	76.12	4.17	15.96	0.22
湖北	11.19	63.28	2.72	13.97	0.18
湖南	17.95	60.06	3.73	20.40	0.40
江西	14.29	60.06	3.73	16.65	0.34

续表

地区	平均离差	极差	极差率	标准差	变异系数
辽宁	13.23	58.08	3.42	16.30	0.28
四川	9.86	59.01	2.44	12.44	0.17
新疆	12.34	76.78	4.29	15.35	0.22
浙江	12.40	74.14	3.86	16.54	0.23
重庆	14.58	76.12	4.17	18.20	0.29

5.教育数字化效益相对均衡与相对不均衡的地区

在12个地区中,湖南省在教育数字化效益上的变异系数为0.29,变异系数最大,江西省(0.23)和黑龙江省(0.22)次之,湖北省的变异系数最小(0.16),浙江省(0.17)、北京市(0.18)和广东省(0.18)的变异系数也比较小,新疆维吾尔自治区和重庆市的变异系数分别为0.21、0.20,辽宁省、四川省和河南省的变异系数均为0.19。12个地区的教育数字化效益变异系数均介于0.15和0.50之间,这说明,各地区的教育数字化效益均存在不均衡现象,湖北省的教育数字化效益相对均衡,湖南省的教育数字化效益相对不均衡。黑龙江省、湖南省、江西省、辽宁省、新疆维吾尔自治区、重庆市等6个地区的教育数字化效益内部差异较大,极差值均为80.08。这说明,湖南省等6个地区的高水平教育数字化效益学校和低水平教育数字化效益学校之间的差异更加明显,出现了一定程度的不均衡现象。特别是,湖南省的教育数字化效益变异系数最大。这说明,湖南省的教育数字化效益内部差异比较明显,出现了一定程度的不均衡现象。浙江省和湖北省的教育数字化效益极差值分别为60.06和60.58,

这说明，浙江省和湖北省的高水平教育数字化效益学校和低水平教育数字化效益学校之间差异相对较小，教育数字化效益更加均衡。（见表5-13）

表5-13 不同地区的教育数字化效益差异分析

地区	平均离差	极差	极差率	标准差	变异系数
北京	11.07	70.64	3.40	14.60	0.18
广东	10.46	75.54	4.08	14.50	0.18
河南	11.01	65.22	2.87	14.96	0.19
黑龙江	13.10	80.08	5.00	17.21	0.22
湖北	11.42	60.58	2.53	13.82	0.16
湖南	15.25	80.08	5.00	20.96	0.29
江西	12.83	80.08	5.00	16.55	0.23
辽宁	11.26	80.08	5.00	15.33	0.19
四川	11.62	66.10	2.94	14.54	0.19
新疆	12.98	80.08	5.00	16.67	0.21
浙江	10.68	60.06	2.50	13.86	0.17
重庆	11.11	80.08	5.00	15.25	0.20

六、小学在基本融合阶段中的融合指数得分最高

本次调查的学校包括1324所小学、599所初中和170所高中。对不同类型学校的数据进行分析发现，小学的教育数字化融合指数得分最高

(64.16分),高中得分排名第二(63.38分),初中得分最低(62.83分)。从教育数字化融合阶段来看,三类学校的融合指数均在50—80分之间,小学、初中和高中三类学校的教育数字化均处在基本融合阶段。小学、初中和高中的教育数字化融合指数得分非常接近,三类学校的教育数字化融合发展差异不大,小学的教育数字化融合发展水平最高,但各维度表现情况的差异性相对较大,呈现跳跃式分布。其中,数字化教学方式得分最高(80.89分),智能学习环境得分最低(38.89分),两者之间的倍差约为2.08。初中的教育数字化融合发展水平最低,教育数字化效益得分最高(78.08分),智能学习环境得分最低(39.03分),两者之间的倍差约为2.00。高中的教育数字化融合发展水平居中,各维度表现情况的差异性相对较小,其中,教育数字化效益得分最高(78.58分),智能学习环境得分最低(41.24分),两者之间的倍差约为1.91。

(一)不同类型学校教育数字化融合的各维度得分情况分析

第一,小学、初中和高中的智能学习环境建设都处于起步阶段,高中表现最好。小学、初中和高中的智能学习环境得分均低于50分,处于初等水平。其中,高中的智能学习环境得分最高(41.24分),其次是初中(39.03分),小学得分最低(38.89分),三类学校之间的智能学习环境得分差距不大,高中的智能学习环境建设情况相对较好,小学的智能学习环境建设情况相对较弱,两者之间的倍差为1.06,这可能与高中可利用的教育数字化资金明显超过小学有关,特别是高中在新型教室建设方面有较大优势。三类学校的智能学习环境得分在4个维度均为最低。这说明,小学、初中和高中的智能学习环境建设都处于起步阶段,还不能完全满足教育数字化转型的发展要求。

第二,小学、初中和高中的师生数字素养均处于中等水平,高中表现最好。小学、初中和高中的师生数字素养得分均在50—80分之间,处于中等水平。其中,高中的师生数字素养得分最高(62.83分),其次是初中(62.41分),小学得分最低(62.26分)。三类学校的师生数字素养得分非常接近,均在62—63分之间,高中的师生数字素养得分略高于小学和初中。除智能学习环境外,三类学校的师生数字素养得分均低于数字化教学方式和教育数字化效益两个维度的得分。

第三,小学的数字化教学方式得分处于高等水平,初中和高中的数字化教学方式处于中等水平。小学的数字化教学方式得分高于80分。初中和高中的数字化教学方式得分在50—80分之间。小学的得分最高(80.89分),其次是初中(68.74分),高中得分最低(67.78分)。三类学校的数字化教学方式得分差异较大,小学得分最高,高中的数字化教学方式相对最弱,小学和高中之间的倍差为1.19,初中的数字化教学方式相对高中表现较好。这说明,小学利用数字技术开展教学活动最为普遍,而高中则较少利用数字技术开展教学活动。

第四,小学、初中和高中的教育数字化效益均处于中等水平,高中表现最好。小学、初中和高中的教育数字化效益得分均在50—80分之间,处于中等水平。其中,高中的教育数字化效益得分最高(78.58分),其次是初中(78.08分),小学得分最低(64.16分)。初中和高中的教育数字化效益得分非常接近,都明显超过了小学,小学和高中之间的倍差为1.22。这说明,初中和高中对于教育数字化促进学校改革更具信心,而小学相对信心不足。教育数字化效益得分与数字化教学方式得分呈现出鲜明反差,利用数字技术开展教学活动最多的小学,反倒对教育数字化推动学校改革没有信心。(见图5-7)

(单位:分)

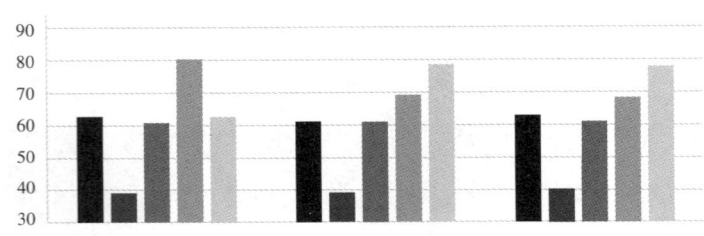

维度	小学	初中	高中
■融合指数	64.16分	62.83分	63.38分
■智能学习环境	38.89分	39.03分	41.24分
■师生数字素养	62.26分	62.41分	62.83分
■数字化教学方式	80.89分	68.74分	67.78分
■教育数字化效益	64.16分	78.08分	78.58分

■融合指数 ■智能学习环境 ■师生数字素养 ■数字化教学方式 ■教育数字化效益

图5-7 不同类型学校的教育数字化融合指数及各维度得分情况

(二)不同类型学校之间的教育数字化融合差异分析

为进一步探究不同类型学校之间的教育数字化融合差异,本研究采用单因素方差分析法,以学校类型为因子,对教育数字化融合指数及4个维度得分进行了分析。结果表明,教育数字化融合指数及智能学习环境、师生数字素养、数字化教学方式3个维度得分均不存在显著性差异,只有教育数字化效益存在显著性差异（$P=0.002<0.01$）。进一步分析发现，小学和高中之间差异显著，小学和初中、初中和高中之间的差异都不显著。这说明，高中的教育数字化效益明显优于小学，尽管小学和初中、初中和高中的教育数字化效益得分存在一定差异，但没有达到显著性差异。三种类型学校在智能学习环境、师生数字素养、数字化教学方式等维度的得分存在一定差异，但都未达到显著性差异。（见表5-14）

表5-14　不同类型学校教育数字化融合指数及各维度的方差分析

维度	平方和	DF	均方	F	显著性
融合指数	924.425	3	308.142	2.546	0.054
智能学习环境	1251.422	3	417.141	2.230	0.083
师生数字素养	917.438	3	305.813	1.072	0.360
数字化教学方式	2073.300	3	691.100	2.341	0.071
教育数字化效益	3637.925	3	1212.642	5.038	0.002

（三）不同类型学校教育数字化融合的内部差异分析

本研究采用平均离差、极差、极差率、标准差、变异系数等指标，衡量小学、初中和高中教育数字化融合指数及4个维度的内部差异程度。结果表明：小学、初中和高中在教育数字化融合指数以及智能学习环境、师生数字素养、数字化教学方式、教育数字化效益4个维度的变异系数均介于0.15和0.50之间。这说明，各地区基础教育数字化融合发展存在一定程度的不均衡现象，在智能学习环境、师生数字素养、数字化教学方式、教育数字化效益等4个维度也存在一定的不均衡现象,但均未达到显著性水平。

1. 小学和初中的教育数字化融合发展相对均衡,高中相对不均衡

小学、初中和高中在教育数字化融合指数上的变异系数分别为0.17,0.17,0.18,均介于0.15和0.50之间。三者之间的变异系数非常接近,高中的变异系数最大。这说明,小学和初中的教育数字化融合发展相对均衡,高中相对不均衡。小学、初中和高中在教育数字化融合指数上的极差值分别为64.75,62.86,64.29,小学的极差值最高。这说明,在小学阶段,教育数字化高融合学校和低融合学校之间的差距相对初中或高中更加明显。

2. 小学和高中的智能学习环境建设相对均衡,初中相对不均衡

小学、初中和高中在智能学习环境上的变异系数分别为0.20,0.21,0.20,均介于0.15和0.50之间。三者之间的变异系数非常接近,初中的变异系数最大。这说明,小学和高中的智能学习环境建设相对均衡,初中相对不均衡。小学、初中和高中在智能学习环境上的极差值分别为64.35,82.54,82.53,初中和高中的极差值非常接近,均明显高于小学。这说明,在小学阶段,高水平智能学习环境学校和低水平智能学习环境学校之间的差距明显小于初中或高中。所以,在初中和高中开展智能学习环境建设时,要注重均衡配置、协调发展,避免学校之间出现明显差距。

3. 小学和初中的师生数字素养水平相对均衡,高中相对不均衡

小学、初中和高中在师生数字素养上的变异系数分别为0.27,0.26,0.28,均介于0.15和0.50之间。三者之间的变异系数非常接近,高中的

变异系数最大。这说明,小学和初中的师生数字素养水平相对均衡,高中相对不均衡。小学、初中和高中在师生数字素养上的极差值分别为80.00,80.00,76.94,小学和初中的极差值完全一致,均略高于高中。这说明,在高中阶段,高水平师生数字素养学校和低水平师生数字素养学校之间的差距略小于小学或初中。

4.小学和初中的数字化教学开展情况相对均衡,高中相对不均衡

小学、初中和高中在数字化教学方式上的变异系数分别为0.24,0.24,0.26,均介于0.15和0.50之间。三者之间的变异系数非常接近,高中的变异系数最大。这说明,小学、初中的数字化教学开展情况相对均衡,高中相对不均衡。小学、初中和高中在数字化教学方式上的极差值分别为78.00,76.08,78.00,小学和高中的极差值完全一致,均略高于初中。这说明,在初中阶段,高水平数字化教学方式学校和低水平数字化教学方式学校之间的差距略小于小学或高中。

5.初中的教育数字化效益相对均衡,小学和高中相对不均衡

小学、初中和高中在教育数字化效益上的变异系数分别为0.20,0.19,0.20,均介于0.15和0.50之间。三者之间的变异系数非常接近,初中的变异系数最小。这说明,初中的教育数字化效益相对均衡,小学和高中相对不均衡。小学、初中和高中在教育数字化效益上的极差值均为79.80。这说明,无论是小学、初中,还是高中,高水平教育数字化效益学校和低水平教育数字化效益学校之间的差距都是一样的。(见表5-15)

表5-15 不同类型学校的教育数字化融合4个维度得分差异分析

学段	智能学习环境					师生数字素养				
	平均离差	极差	极差率	标准差	变异系数	平均离差	极差	极差率	标准差	变异系数
小学	11.31	64.35	7.95	7.87	0.20	13.90	80.00	5.00	17.15	0.27
初中	11.30	82.54	9.91	8.02	0.21	13.41	80.00	5.00	16.36	0.26
高中	10.62	82.53	9.90	8.42	0.20	13.75	76.94	4.34	17.29	0.28

学段	数字化教学方式					教育数字化效益				
	平均离差	极差	极差率	标准差	变异系数	平均离差	极差	极差率	标准差	变异系数
小学	13.64	78.00	4.55	17.11	0.24	12.14	79.80	4.95	15.99	0.20
初中	12.89	76.08	4.18	16.47	0.24	11.18	79.80	4.95	15.18	0.19
高中	13.99	78.00	4.55	17.88	0.26	11.57	79.80	4.95	15.94	0.20

七、不同地区学校的教育数字化融合指数情况分析

本次调查的2505所学校中，包括1612所城区学校（占比约64.35%）、620所农村学校（占比约24.75%）和273所城乡接合部学校（占比约10.90%）。对城乡学校的数据进行分析发现，城区学校的教育数字化融合指数得分最高（65.08分），城乡接合部学校排名第二（62.92分），农村学校得分最低（61.00分）。从教育数字化融合阶段来看，三类学校的融合指数得分均处于50—80分之间。这说明，城区学校、农村学校和城乡接合部学校的教育数字化均处于基本融合阶段。城区学校的教育数字化融合发展水平最高，教育数字化效益得分最高（80.36分），智能学习环

境得分最低(40.30分),各维度表现情况的差异性相对较小,两者之间的倍差达到1.99。农村学校的教育数字化融合发展水平最低,但各维度表现情况的差异性相对较大,教育数字化效益得分最高(79.22分),智能学习环境得分最低(37.03分),两者之间的倍差为2.14。城乡接合部学校的教育数字化融合发展水平居中,教育数字化效益得分最高(78.03分),智能学习环境得分最低(38.56分),两者之间的倍差为2.02。

(一)城乡学校教育数字化融合的各维度得分情况分析

1. 城乡学校的智能学习环境建设均处于起步阶段,城区学校表现最好

城乡学校的智能学习环境得分低于50分,处于初等水平。其中,城区学校的智能学习环境得分最高(40.30分),城乡接合部学校居中(38.56分),农村学校最低(37.03分),城区学校的智能学习环境建设情况优于城乡接合部学校和农村学校。这说明,城乡学校的智能学习环境建设并不均衡,农村学校的智能学习环境建设相对落后。具体来看,无线网络覆盖情况较好的城区学校约占26.60%,城乡接合部学校约占22.00%,农村学校约占31.30%;拥有50间以上新型教室的城区学校约占1.70%,城乡接合部学校约占0.70%,农村学校约占1.50%。这说明,城区学校在新型教室建设方面要明显优于城乡接合部学校和农村学校,但是农村学校无线网络覆盖情况相对较好。这可能与我国注重推进中小学"宽带网络校校通"有关,教育部会同工业和信息化部推进学校联网攻坚行动,结合乡村振兴、宽带中国等工作,采取有线、无线、卫星等多种形式,加快推进未联网学校的宽带网络接入,支持学校网络提速降费,实现了中小学校网络全覆盖。

2.城乡学校的师生数字素养均处于中等水平,城区学校表现最好

城乡学校的师生数字素养得分均在50—80分之间,处于中等水平。其中,城区学校的师生数字素养得分最高(64.97分),城乡接合部学校居中(62.51分),农村学校最低(58.89分)。城区学校的师生数字素养水平高于城乡接合部学校和农村学校。具体来看,城乡学校在网络教学平台和智慧校园管理平台使用情况上相差不大,但在学生利用数字技术开展学习活动的熟练程度和学科教学APP使用情况上差异明显。其中,学生利用数字技术开展学习活动的熟练程度较高的城区学校约占59.21%,城乡接合部学校约占47.81%,农村学校约占33.12%;使用学科教学APP频率较高的城区学校约占33.50%,城乡接合部学校约占29.60%,农村学校约占25.50%。这说明,农村学校要推动新技术在教学中的深层次应用,使应用数字技术解决教学、学习、生活中问题的能力成为师生必备的基本素质。

3.城乡学校的数字化教学方式均处于中等水平,城区学校的表现最好

城乡学校的数字化教学方式得分均在50—80分之间,处于中等水平。其中,城区学校的数字化教学方式得分最高(71.53分),城乡接合部学校居中(69.61分),农村学校最低(65.56分)。具体来看,城乡学校教师开展数字化教学情况表现差异不大,但在数字化教学主要方式和学生数字化学习情况上差异明显。其中,利用数字技术开展自主、合作和探究学习的城区学校约占26.00%,城乡接合部学校约占20.40%,农村学校约占20.10%;学生进行数字化学习频率较高的城区学校约占26.00%,城乡接合部学校约占19.90%,农村学校约占5.50%。这说明,农村学校要

更加注重利用数字技术推动教育理念与模式、教学内容与方法的改革创新,探索形成课堂教学改革的新途径、新模式。

4.城区学校的教育数字化效益处于高等水平,农村学校和城乡接合部学校均处于中等水平

城区学校的教育数字化效益指数值高于80分,处于高等水平,农村学校和城乡接合部学校的得分在50—80分之间,处于中等水平。城区学校的教育数字化效益得分最高(80.36分),农村学校得分居中(79.22分),城乡接合部学校得分最低(78.03分)。具体来看,城乡学校在学校数字化教学推动教学方式变革情况上差异明显,与教育数字化提高学生数字素养情况、提高教师教学效能情况和为学生提供个性化服务情况上差异不大。特别是农村学校的教育数字化效益得分反超了城乡接合部学校。其中,已经认识到数字化教学推动教学方式变革的农村学校约占76.60%,而城乡接合部学校约占60.20%。这说明,农村学校对利用信息化手段推动学校教育改革的信心比城乡接合部学校更强,接近八成的农村学校高度重视数字技术变革教育的作用。(见表5-16)

表5-16 城乡学校的教育数字化融合指数及各维度得分情况(单位:分)

地区	融合指数	智能学习环境	师生数字素养	数字化教学方式	教育数字化效益
城区	65.08	40.30	64.97	71.53	80.36
农村	61.00	37.03	58.89	65.56	79.22
城乡接合部	62.92	38.56	62.51	69.61	78.03

(二)城乡学校之间的教育数字化融合差异分析

为进一步探究城乡学校之间的教育数字化融合差异性,本研究采用单因素方差分析法,以学校类型为因子,对教育数字化融合指数及4个维度得分进行了分析。结果表明,城乡学校的教育数字化融合指数存在显著性差异(F=32.481,P<0.001)。进一步分析发现,城区学校、农村学校和城乡接合部学校三者之间均存在显著性差异。城区学校的教育数字化融合情况明显优于农村学校和城乡接合部学校,城乡接合部学校的教育数字化融合情况明显优于农村学校。城乡接合部学校在智能学习环境、师生数字素养和数字化教学方式3个维度上的得分均存在显著性差异(P<0.001),城乡接合部学校在教育数字化效益上的得分也存在显著性差异(P<0.050),但与其他3个维度对比相对较小。(见表5-17)

表5-17 城乡学校教育数字化融合指数及各维度的方差分析

维度	平方和	DF	均方	F	显著性
融合指数	7685.231	2	3842.616	32.481	0.000
智能学习环境	4947.107	2	2473.553	13.333	0.000
师生数字素养	16646.109	2	8323.055	29.834	0.000
数字化教学方式	15942.616	2	7971.308	27.534	0.000
教育数字化效益	1572.213	2	786.106	3.256	0.039

1.城区学校的智能学习环境建设情况明显优于农村学校

结果表明:城区学校的智能学习环境建设情况明显优于农村学校。城区学校的智能学习环境得分超过了城乡接合部学校,但未达到显著差异水平；城乡接合部学校的智能学习环境得分超过了农村学校，但未达到显著差异水平。这说明，我国基础教育的智能学习环境建设更多集中在城区学校，农村学校的智能学习环境建设明显不足，城区学校和农村学校之间存在明显的不均衡现象。这种不均衡现象可能是教育数字化投入不均衡造成的，城区学校的教育数字化经费相对比较充足，而农村学校的智能学习环境建设还缺乏高水平投入，大部分农村学校还停留在宽带网络、多媒体教室等基础性软、硬件设施建设，在智能学习环境建设方面还有较大差距。我们要高度警惕智能学习环境建设的"鸿沟"现象，大力支持农村学校的教育数字化发展，优先在农村学校部署无线网络、新型教室和智能教育设施，积极开展以学习者为中心的智能化教学支持环境建设，为城乡教育的优质均衡发展提供有力支撑。

2.城区学校的师生数字素养水平明显优于农村学校和城乡接合部学校

结果表明：城区学校的师生数字素养水平优于城乡接合部学校，城乡接合部学校的师生数字素养水平明显优于农村学校，三类学校之间呈现出明显的梯度特征。城区学校拥有较为完善的智能学习环境，师生能够开展更加广泛的数字化教学和数字化学习，这为教师和学生的数字素养提升奠定了良好基础。城乡接合部学校和农村学校要注重提高教师的数字素养，积极开展教师信息技术应用能力提升培训，推动教师更新观念、重塑角色、增强能力。要加强学生课内外一体化的数字技术知识、技能、应用能力以及数字意识、科技伦理等方面的培育，注重人工智能、编程、STEM教育等方面的课程建设，创新数字技术课程的教学方式，全面提升学生的数字素养。

3.城区学校和城乡接合部学校的数字化教学方式发展水平明显优于农村学校

结果表明:城区学校的数字化教学方式得分超过了城乡接合部学校,但两者之间并没有显著性差异。这说明,农村学校在数字化教学方面还存在明显不足,利用数字技术创新课堂教学的能力还有待提升。农村学校要普及推广数字化教学应用,积极开展新技术支持下的教育教学创新,推进数字技术深度融入教育教学全过程,提高学校教育质量。

4.城区学校的教育数字化效益发展情况明显优于城乡接合部学校

结果表明:城区学校的教育数字化效益得分超过了农村学校,但未达到显著差异水平;农村学校的教育数字化效益得分超过了城乡接合部学校,但未达到显著差异水平。这说明,城乡接合部学校在数字技术变革教育方面信心不足,其表现落后于农村学校。所以,城乡接合部学校要积极利用数字技术开展差异化教学和个性化学习,推动教育理念与模式、教学内容与方法的改革创新,推动教育数字化从融合应用向创新发展的高阶演进。

(三)城乡学校教育数字化融合的内部差异分析

本研究采用平均离差、极差、极差率、标准差、变异系数等指标,衡量城乡学校教育数字化融合指数及4个维度的内部差异程度。结果表明:城乡学校在教育数字化融合指数以及智能学习环境、师生数字素养、数字化教学方式、教育数字化效益4个维度的变异系数均介于0.15和0.50之间。这说明,城乡学校的教育数字化融合发展存在一定程度的不均衡现象,在智能学习环境、师生数字素养、数字化教学方式、教育数字化效益4个维度也存在一定的不均衡现象,但都未达到显著性水平。

1.城区学校的教育数字化融合发展相对均衡,农村学校和城乡接合部学校相对不均衡

城区学校、农村学校和城乡接合部学校在教育数字化融合指数上的变异系数分别为0.16,0.18,0.18,均介于0.15和0.50之间。三者之间的变异系数非常接近,城区学校的变异系数最小。这说明,城区学校的教育数字化融合发展相对均衡,农村学校和城乡接合部学校相对不均衡。三类学校的教育数字化融合发展存在一定的不均衡现象,但都未达到显著性不均衡。城区学校、农村学校和城乡接合部学校在教育数字化融合指数上的极差值分别为66.87,60.35,64.58,城区学校的极差值最高。这说明,在城区学校内部,教育数字化高融合学校和低融合学校之间的差距相对农村学校和城乡接合部学校更加明显。(见表5-18)

表5-18 城乡学校教育数字化融合指数的极差、标准差和变异系数

地区	平均离差	极差	极差率	标准差	变异系数
城区	8.60	66.87	3.59	10.75	0.16
农村	8.90	60.35	3.07	11.00	0.18
城乡接合部	9.02	64.58	3.68	11.31	0.18

2.城区学校和城乡接合部学校的智能学习环境建设相对均衡,农村学校相对不均衡

城区学校、农村学校和城乡接合部学校在教育数字化融合指数上的

变异系数分别为0.33,0.38,0.36,均处于0.15和0.50之间,农村学校的变异系数最大。这说明,城区学校和城乡接合部学校的智能学习环境建设相对均衡,农村学校相对不均衡。三类学校的智能学习环境建设情况存在一定的不均衡现象,但均未达到显著性不均衡。从整体来看,智能学习环境维度的变异系数大于师生数字素养、数字化教学方式和教育数字化效益3个维度。这说明,在教育数字化融合指数的4个维度中,城乡接合部学校内部在智能学习环境建设情况上的不均衡现象最为明显。城区学校、农村学校和城乡接合部学校在智能学习环境上的极差值分别为82.54,64.18,82.54,城区学校和城乡接合部学校的极差值完全一致,均明显高于农村学校。这说明,在农村学校内部,高水平智能学习环境学校和低水平智能学习环境学校之间的差距明显大于城区学校和城乡接合部学校。(见表5-19)

表5-19 城乡学校智能学习环境的极差、标准差和变异系数

地区	平均离差	极差	极差率	标准差	变异系数
城区	11.01	82.54	9.91	13.40	0.33
农村	11.27	64.18	7.93	14.02	0.38
城乡接合部	10.94	82.54	9.91	13.97	0.36

3.城区学校的师生数字素养水平相对均衡,农村学校和城乡接合部学校相对不均衡

城区学校、农村学校和城乡接合部学校在师生数字素养上的变异系数分别为0.25,0.29,0.28,均介于0.15和0.50之间,城区学校的变异系数

小。这说明,城区学校的师生数字素养水平相对均衡,农村学校和城乡接合部学校相对不均衡。三类学校的师生数字素养水平都存在一定的不均衡现象,但均未达到显著性不均衡。城区学校、农村学校和城乡接合部学校在师生数字素养上的极差值均为80.00,三类学校的极差值完全一致。这说明,无论是城区学校、农村学校,还是城乡接合部学校,高水平师生数字素养学校和低水平师生数字素养学校之间的差距完全一致。(见表5-20)

表5-20　城乡学校师生数字素养的极差、标准差和变异系数

地区	平均离差	极差	极差率	标准差	变异系数
城区	13.36	80.00	5.00	16.42	0.25
农村	13.48	80.00	5.00	16.93	0.29
城乡接合部	14.26	80.00	5.00	17.82	0.28

4.城区学校和城乡接合部学校的数字化教学开展情况相对均衡,农村学校相对不均衡

城区学校、农村学校和城乡接合部学校在数字化教学方式上的变异系数分别为0.24,0.26,0.24,均介于0.15和0.50之间,农村学校的变异系数最大。这说明,城区学校和城乡接合部学校的数字化教学开展情况相对均衡,农村学校相对不均衡。三类学校的数字化教学开展情况存在一定的不均衡现象,但均未达到显著性不均衡。城区学校、农村学校和城乡接合部学校在数字化教学方式上的极差值分别为78.10,76.12,78.10,城区学校和城乡接合部学校的极差值完全一致,均高于农村学校。这说明,

在农村学校内部,高水平数字化教学方式学校和低水平数字化教学方式学校之间的差距相对城区学校和城乡接合部学校更为明显。(见表5-21)

表5-21　城乡学校数字化教学方式的极差、标准差和变异系数

地区	平均离差	极差	极差率	标准差	变异系数
城区	13.31	78.10	4.55	16.95	0.24
农村	13.81	76.12	4.17	17.35	0.26
城乡接合部	12.89	78.10	4.55	16.63	0.24

5.城区学校的教育数字化效益相对均衡,农村学校和城乡接合部学校相对不均衡

城区学校、农村学校和城乡接合部学校在教育数字化效益上的变异系数分别为0.19,0.20,0.20,均介于0.15和0.50之间,城区学校的变异系数最小,农村学校和城乡接合部学校的变异系数完全一致。这说明,城区学校的教育数字化效益相对均衡,农村学校和城乡接合部学校相对不均衡。三类学校的教育数字化效益都存在一定的不均衡现象,但均未达到显著性不均衡。从整体来看,教育数字化效益的变异系数值小于智能学习环境、师生数字素养和数字化教学方式3个维度。这说明,在教育数字化融合指数的4个维度中,城乡学校内部在教育数字化效益上的表现最为均衡。城区学校、农村学校和城乡接合部学校在教育数字化上的极差值均为80.08,三类学校的极差值完全一致。这说明,无论是城区学校、农村学校,还是城乡接合部学校,高水平教育数字化效益学校和低水平教育数字化效益学校之间的差距完全一致。(见表5-22)

表5-22 城乡学校教育数字化效益的极差、标准差和变异系数

地区	平均离差	极差	极差率	标准差	变异系数
城区	11.46	80.08	5.00	15.34	0.19
农村	11.84	80.08	5.00	15.93	0.20
城乡接合部	11.95	80.08	5.00	15.80	0.20

八、讨论与建议

（一）以未来教育转型为抓手，推动数字技术的创新应用

数字技术与教育教学的深度融合，是我国教育数字化发展的重要目标和长期任务。调查发现，我国基础教育数字化的融合指数得分为63.83分，总体处于基本融合阶段，距离理想的深度融合还有不小的距离。其中，约10.74%的学校处于初步融合阶段，约82.44%的学校处于基本融合阶段，约6.83%的学校处于深度融合阶段。在推进深度融合的过程中，要切实以学生发展为本，遵循教育教学规律和学生发展规律，灵活运用人工智能、大数据、云计算、物联网等新技术，利用新技术开展教育教学创新，而非只见"物"不见"人"，把学校变成新技术的试验场。大量的实践证明，技术的先进与否既不能衡量教育数字化水平的高低，也不能衡量教育现代化水平的高低。国际教育成就评价研究协会曾经对12个国家和地区的信息化教学应用情况进行调查，发现只有49.00%的数学课堂和62.00%的科学课堂应用了数字技术，而且应用数字技术的

教师行为比较传统,数字技术应用并不一定会带来与21世纪教学法相一致的教学改革。[1]数字技术与教育教学深度融合,应当以信息化为支撑变革传统教学模式,解决长期以来困扰教育发展的"规模化"与"个性化"的矛盾,为教师、学习者提供高质量的个性化服务。[2]

比如,近年来广受关注的美国高科技学校(High Tech High,简称HTH)把数字技术和学习方式变革结合起来,倡导新技术支持下的深度学习。教师打破了传统课程体系,把学科知识整合后开发出245个主题项目,并建立了配套的课程网站,学生利用各种科技手段开展主动的、探究式的、理解性的学习。同时,他们认为,如果学生想要变成工程师,或者是科学家的话,他们就必须知道工程师和科学家是怎样工作的。尽管学校教育里会有很多数学、科学的概念,但如果没有看到工程师和科学家是如何工作的,那这个概念就是抽象的,也是无法与真实世界建立连接的。因此,每一位学生在校学习期间,都有4—5周的实习期,学校为每一位学生提供了与工程师、科学家一起在实验室工作的机会。在整个学习过程中,学校鼓励学生利用技术去发现问题、解决问题,学生可能会用到平板电脑,也可能会用到3D打印机,但所有的技术都没有对教育活动带来"胁迫",每一位学生都是自然而然地利用技术去学习。在HTH学校,技术既是无处不在的,又是难以察觉的,当技术彻底隐身于教育的背后时,数字技术与教育教学才会实现深层次的融合。

为此,我们建议要注重数字技术在教育教学中的创新应用,利用信

---

[1] 罗陆慧英.信息科技在教学中的应用:国际比较研究[J].教育研究,2010,31(1):83.
[2] 杨宗凯.借助信息化再造教育流程(凭栏处)[N].人民日报,2016-03-31(18).

息化手段打破封闭的办学体系和传统的教学结构,从注重教的信息化转向注重学的信息化,利用新的技术手段测量学生的认知特点和学习特征,设计个性化的学习推送方案,探索不同技术条件下的差异化教学策略。把新技术和新理念结合起来,通过课程结构的再造、教学流程的重组和教学评价的重构,探索线上线下混合式学习,开展面向真实生活的跨学科学习,支持开展即时的师生交互评价,让新技术变成学生连接世界的窗口,而不是接收任务的终端或展示课件的屏幕。利用大数据、人工智能、学习分析等新技术,推动"基于经验的讲授教学"转向"基于数据的精准学习",把学习的主动权交给学生,帮助他们在网络学习空间中找到志同道合的伙伴和相互匹配的导师,推送适配的学习资源,提供精准的学习支持,从而开展积极主动的个性化学习。

(二)以智能学习环境建设为重点,推动教育数字化基础建设

随着以人工智能为代表的新一轮科技革命的兴起,智能教育已成为教育数字化发展的重要趋势。《教育信息化2.0行动计划》明确提出,"大力推进智能教育,开展以学习者为中心的智能化教学支持环境建设"。如果把传统学习环境比作"教育工厂"的话,智能学习环境就是"学习村落"。在这里,新技术可以帮助学习者找到志同道合的伙伴和相互匹配的导师,推送适配的学习资源,提供精准的学习支持,从而开展积极主动的个性化学习。[1]调查显示,基础教育的智能学习环境得分仅为39.30分,在融合指数的4个维度中得分最低。这说明,我国基础教育数字化建设仍然以服务教师讲课为主,以学习者为中心的智能化教学支持环境建设

[1] 曹培杰.智慧教育:人工智能时代的教育变革[J].教育研究,2018,39(8):123.

不足。许多中小学校已经实现了电子白板、投影仪、视频展示台等信息化设施的大范围普及,为支持教师开展常规性教学提供了重要的支撑。但是,我们也清醒地认识到,这些软、硬件设施的目的主要是支持"教师的教",而不是"学生的学"。智能学习环境的提出,就是要推动以教为中心的信息化建设,逐步转向以学为中心的信息化建设。

目前,教育大数据平台、智慧校园、创客空间、非正式学习区等智能学习环境建设,在许多地方和学校都是以"单列项目"的方式开展,缺乏稳定的经费支持,没有统一的技术标准,甚至在实践推进中引发了种种乱象。为此,我们建议加快教育数字化基础建设的智能转型,抓紧研制智能学习环境标准,全面优化教育教学环境,增加学习空间的开放性和软、硬件设施的灵活性,推动信息化基础设施从"多媒体化""数字化"向"网络化""智能化"加速跃升。第一,建设全面感知的学习场所,利用大数据技术对学习过程进行跟踪,全面感知学生的学习状态,了解学生的认知水平以及在学习中存在的优势和不足,提供量身定制的最优学习路径。第二,扩展学校的公共空间,优化校园空间,给学生提供动手实践的场地,建立创客空间、创新实验室、创业孵化器等新型学习环境,培育有共同兴趣爱好的实践社群,鼓励学生把创新想法转化为实际作品。第三,构建群体个性化的学习共同体和实践共同体。[1]开发智能学习助手,根据学生的学习需求、学习路径和检索痕迹,按需求推送学习资源和学习支持,过滤掉无关的信息,减轻认知负荷,使学生可以随时、随地、随

---

[1] 郭绍青,张进良,郭炯,等.网络学习空间变革学校教育的路径与政策保障:网络学习空间内涵与学校教育发展研究之七[J].电化教育研究,2017,38(8):60.

需地进行高质量学习。强化成员间的关系网络,加强对互动数据的收集、分析和处理,包括订阅、观看、转发、提问、评论等,精准识别师生、生生互动关系,提供更加匹配的组合方案,形成稳定的合作共同体,促进深度交互的发生。第四,提供远程协作、社会网络、同步课堂等方面的工具,鼓励跨学校、跨区域、跨国别的协同学习,扩大优质教育资源覆盖面,突破常规手段难以解决的教育均衡问题,让亿万孩子同在蓝天下共享优质教育。

(三)以促进教育公平为核心,积极实施教育数字化的倾斜策略

在基础教育数字化进程中,"数字鸿沟"这个问题始终是一个不可忽视的重大问题。调查显示,城乡学校的教育数字化融合指数存在显著性差异(F=32.481,P<0.001),城区学校和城乡接合部学校的教育数字化融合情况明显优于农村学校。这说明,基础教育数字化的"数字鸿沟"已经开始显现,城乡学校之间的教育数字化发展存在明显差异。其中,也有一些积极信号,农村学校的教育数字化效益得分超过了城乡接合部学校。这说明,尽管农村学校的教育数字化发展水平落后于城区学校和城乡接合部学校,但在利用数字技术促进学校改革创新方面仍拥有较大潜力。

目前,"数字鸿沟"的内涵正在发生变化,从"接触数字化机会的鸿沟"转向"使用数字化技能的鸿沟"。2015年11月,美国国家教育技术规划(NETP 2016)首次提出了"数字应用鸿沟"(Digital-use Divide)的概念,倡导提高学习者的数字技术应用能力,确保他们有能力开展创造性的、富有成效的学习活动。在注重深度融合的教育数字化转型时代，要特别重视城乡学校之间的"数字鸿沟"，积极防范"数字鸿沟"（设备或接入鸿沟）向"新数字鸿沟"（技能鸿沟）、"智能鸿沟"（思维鸿沟）转变。[①]黄荣怀教授等对北京市8个区县的118所中小学校进行调查发现，互联网已经成为中小学生获取知识、休闲娱乐以及人际交往的主要媒介平台，但依然存在着"数字鸿沟"现象、校内外网络使用的"新数字鸿沟"现象、网络与学习间的"防御性使用"现象、网络参与不足与网络参与行为偏差并存现象、网络素养提升意愿强烈与学校媒介素养教育不足并存现象等5个方面的问题。[②]2015年经济合作与发展组织发布报告显示，伴随全球信息化迅猛发展，大多数国家的社会底层家庭子女有了更多的机会接触互联网，但是学生之间的教育差距并未因互联网普及而缩小，反而出现了"新数字鸿沟"。

在教育数字化发展过程中，发达国家都非常重视教育公平，积极实施教育数字化的定向倾斜策略，注重对弱势地区或弱势群体进行优惠或补偿，极力避免不平衡现象的出现。美国于2013年启动实施的ConnectED计划提出，要继续实行E-Rate项目中的教育信息服务折扣补助计划，逐步提高对偏远地区和贫困学校的补偿力度。据统计，E-Rate项目实施以来，已经由美国联邦通信委员会向有待帮助的学校和图书馆提供了高额的信息化补偿费用，高速上网、Internet配线和长途通信等方面

[①] 冯仰存,任友群.教育信息化2.0时代的教育扶智：消除三层鸿沟,阻断贫困传递：《教育信息化2.0行动计划》解读之三[J].远程教育杂志,2018,36(4):22-23.
[②] 黄荣怀,王晓晨,周颖,等.数字一代学生网络生活方式研究：北京市中小学生网络生活方式的现状调查[J].电化教育研究,2014,35(1):37.

的降价幅度从20%—90%不等,有效地帮助贫困地区和农村学校跨越了"数字鸿沟"。除了软、硬件方面,美国和加拿大还在课程教学上采取定向倾斜策略。比如:美国教育部专门制定了"无障碍教材标准",鼓励学校、研究机构和企业为学习障碍学生提供特殊适用的数字化教材;加拿大专门开设虚拟学校,为偏远地区和贫困学校的学生提供更多可以选择的课程。

为此,我们建议要加强省级统筹工作力度,探索建立教育数字化长效补偿机制,推进网络条件下的精准扶智,加大对农村地区和贫困学校的政策倾斜和资金投入力度,形成软件、硬件、数字资源、师资培训、教学支持等方面的长效机制,系统推进农村地区的教育数字化发展。第一,加大政策倾斜力度,建立教育信息服务补偿机制,在信息化软件、硬件建设中优先考虑农村学校和贫困学校,在欠发达地区率先开展"互联网+教育""智能+教育"的试点,优先利用信息化手段推动农村学校和贫困学校的教育转型,促进优质教育资源的流动。第二,实施教育数字化投入绩效评估,持续跟踪各地教育数字化的投资效益,根据实际应用情况,适时调整各地区、各学校的资金支持力度,让资金利用率高、实施效果好的地区或学校能获得更多的资金投入,资金投入由"撒芝麻"整合形成"拳头效应",以此优化教育数字化投入的结构和效率。第三,以实际需求为核心,建立软件、硬件、数字资源、师资培训、教学支持的统筹规划机制,系统推进偏远地区的教育数字化发展。第四,促进优质教育资源向农村学校和贫困学校流动,创新网络协作教研方式,加大城乡教师交流力度,全面开设网络同步课堂,使处境不利学生也能通过网络享受到良好的教育。

(四)以促进学生发展为根本,提高利用数字技术开展学习的能力

促进学生发展是教育数字化的关键,也是教育数字化的根本。调查发现,师生数字素养维度的融合指数得分为63.20分,在4个维度中仅高于智能学习环境得分,低于数字化教学方式和教育数字化效益得分。其中,中小学生利用数字技术开展学习活动的熟练程度的平均得分为3.48分,约51.54%的学生能够比较熟练利用数字技术开展学习活动,离预期结果还有一定距离。研究发现,高学历人群更多使用网络上的"严肃类应用"(Serious application),最大化地发挥与工作、职业、学习、社会参与等相关的资本和资源的优势效应。而低学历人群在网上主要是聊天和在线游戏,更多使用"娱乐化应用"(Entertainment application),很少甚至几乎没有发挥资本和资源的优势效应。[1]我们在实地调研中也发现,虽然许多中小学生拥有基本的数字技术操作技能,却并不善于使用数字技术开展更有价值的学习活动或解决实际问题,甚至有些学生网络游戏玩得很好,却丝毫不懂网络检索的基本技巧。数字素养绝不意味着会"刷微博""发微信""打游戏"而已,他更加强调利用现代数字技术优化学习、解决问题、改进生活的能力。具体到教育层面,就是帮助学生掌握数字化学习的方法和技巧,使其学会利用数字技术高效地获取知识,提高数字化表达与创作的能力,把数字技术变成重要的认知工具,拓展学习的空间和机会,帮助学生实现积极主动地学习。

---

[1] 王美,徐光涛,任友群,等.信息技术促进教育公平:一剂良药抑或一把双刃剑[J].全球教育展望,2014,43(2):46.

因此,我们建议,全面提升学生数字素养,推动从技术应用向能力素质拓展,使学生具备良好的信息思维,帮助学生利用数字技术开展有意义的学习,使他们成为技术的主动驾驭者,而不是技术的被动接受者,从而适应信息社会发展的要求。第一,把数字素养教育贯穿于学生学习的全过程。充分发挥学校的主阵地作用,大力推动普及信息化教学,优化数字技术相关学科的课程内容设计,在培养信息技能之外更加注重培养信息思维和信息意识,引导学生形成运用数字技术开展有意义学习的有效方法和良好习惯。第二,高度重视处境不利学生的数字素养教育,增强农村学生互联网创造性运用能力,引领学生运用互联网拓展自身能力和开阔视野,养成互联网学习偏好。目前农村学校普遍开设数字技术课程,要超越对数字技术使用技能的过度追求,加强对农村学生网络责任感教育,规范农村学生接入网络的动机和行为,塑造健康的网络行为,利用数字技术创建有意义内容,实现个人专业发展,培养农村学生充分发挥互联网数字技术拓展课内外学习资源和提升自我发展能力,获得自身所需的信息资源。[①]第三,建立学校、家庭、社会协同育人的长效机制。在培养学生数字素养的过程中,家庭和社会的作用不可或缺,要积极争取家庭、社会共同参与和支持数字素养教育,引导形成合理有效使用数字技术的良好家庭氛围。建立多方联动机制,搭建数字素养的社会协同育人平台,在公共图书馆、社区中心等机构配备数字技术辅导人员,为处境不利学生的家长提供数字技术方面的辅导培训,使他们有能力识别和

---

① 张济洲,黄书光.隐蔽的再生产:教育公平的影响机制——基于城乡不同阶层学生互联网使用偏好的实证研究[J].中国电化教育,2018(11):23.

监护孩子的网络行为,避免过度娱乐化的数字技术应用。第四,加强学生数字素养评估。对学生数字技术的使用频率、使用方式、使用目的等进行大规模调查,准确把握学生数字素养的发展情况,分析不同学生群体数字素养出现差异的原因,为制定相关教育措施提供依据。

(五)以教师专业发展为依托,提升数字技术创新教学的能力

数字技术为教育创新创造了机遇。但是任何新技术教学效益的产生,关键取决于使用者,即教师。数字技术不会自然而然地创造教育奇迹,它可能促进教育的未来创新,也可能强化传统教育的弊端。可以说,没有"未来教师"就没有"未来教育"。调查发现,师生数字素养维度的平均得分为63.20分。具体来看,教师使用网络教学平台的平均得分为3.04分,教师使用学科教学APP频率的平均得分为2.88分,教师使用智慧校园管理平台的平均得分为3.42分,都处于中等或中等偏上水平。总体来看,教师的数字技术应用能力还有很大的提升空间。2017年,美国国际教育技术协会发布《教育者标准》,提出了教师的七种角色[1],即学习者、领导者、公民、合作者、设计师、主持人和分析师,强调教师要使用数字技术支持学生的学习,设计适合学生需求、贴近真实的学习活动与环境。教师的数字素养已经从"技术使用"向"创新应用"转变,鼓励教师利用数字技术开展教学创新。2019年3月,教育部发布《教育部关于实施全国中小学教师信息技术应用能力提升工程2.0的意见》,提出要建立适应学校发展需求的教师信息技术应用能力提升新模式,激发教师提升信息技术应用能力的内生动力,有效提高教育教学质量。

---

[1] ISTE.Standards:For Educators[EB/OL].https://iste.org/standards/educators.

目前，我国教育数字化基础设施具备一定规模，教育信息骨干网络基本形成，教育资源的开发与应用不断拓展，初步形成覆盖各级、各类教育的数字教育资源体系，信息化教学环境已经基本具备，下一步的关键就是要以教师能力提升为切入点，促进数字技术与教育教学融合的创新发展。为此，我们建议要优先关注教师的数字技术应用能力，鼓励教师利用数字技术创新教学，帮助教师获得与信息化教学相匹配的理念和能力。第一，根据教师专业发展规律，研制教师数字技术应用能力标准，并纳入教师资格认证体系和新教师准入资格中，为各级职称的教师提供细化的数字技术应用能力标准，使越优秀的教师就越擅长使用数字技术进行教学。第二，在教育数字化软件、硬件配备项目中，按照一定的比例，设立专项教师培训资金，用以开展针对性的教师数字技术应用能力培训，引导各地制订分层分类的培训方案，鼓励教师开展电子备课和网络教研活动，为教师营造良好的学习交流氛围。第三，建立高效的培训体系，密切跟踪国内外教育数字化发展趋势，定期更新教师培训教材，转变传统培训方式，逐步形成以参与式和体验式为主的教师培训模式。第四，鼓励教师根据先进的教学理念进行教学设计，探索信息化环境下的启发式、探究式、合作式学习模式，不断推进以学生为中心的教学模式创新，促进教育理念、教学内容和教与学方式的深刻变革。

第六章　技术赋能学生数字素养的关联分析

当前,新一轮科技革命重塑经济社会发展格局、重构全球创新版图,并向教育领域加速渗透,深刻改变了人才培养模式,并对未来的人才素养提出了全新要求。随着国家教育数字化战略深入推进,数字技术与教育教学融合发展,数字化学习成为学生成长的重要支点,并进一步重构未来人才的能力素养。在这个大背景下,如何把握学生数字化学习状态,以数字技术赋能学生成长,提升学生数字素养,成为一项亟待解决的现实课题。

一、数字素养是数字时代学生的必备素养

新科技革命对教育产生了全面的影响,人才培养目标、教育教学方式、学校组织形态等都将发生深刻变化。美国课程再设计中心(Center for Curriculum Redesign,简称CCR)相继发布"四维教育"和"教育中的人工智能:潜力与前景"等课改报告,倡导开展以知识维度、技能维度、角色维度和元学习维度为核心的"四维教育",进一步加强STEM教育,全面培养数字化时代人才,重点发展师生"计算素养"。日本政府推出了以改善学校信息化基础设施环境为目的的"五年计划"(2018—2022),强调运

用人工智能等新技术,建设社会5.0时代的学校信息化环境,提高学生的信息素养以及发现与解决问题等能力。[1]

我国高度重视数字技术推动教育变革的引领作用,启动实施国家教育数字化战略,集成上线国家智慧教育公共服务平台,着力扩大教育资源供给,推动教育数字化转型和智能化升级。黄荣怀提出,教育数字化转型是教育信息化的特殊阶段,要实现从起步、应用和融合数字技术,到树立数字化意识和思维、培养数字化能力和方法,再到激发资源和数据要素、构建智慧教育发展生态、形成数字治理体系和机制,最终适应、支撑和引领教育现代化。[2]必须改变数字技术游离于教育教学过程之外的现状,不再把数字技术看作是教育教学的辅助工具或简单手段,而是当作整个教育系统的内在要素和活性因子,以数字化引领教育理念和教育模式的创新,实现教学流程再造、教学方式重构和学校形态重塑。

数字时代的教育图景已然浮现,必将重新界定人才培养目标。从信息素养、媒介素养、21世纪核心素养、网络素养到数字素养,技术发展要求学生的素养结构不断转换升级,但素养转化的内核逻辑没有改变,那就是养成思维比掌握技能更重要,学会学习比成绩本身更重要,数字素养的内涵正在发生重大变化。美国国际教育技术协会(ISTE)于2016年6月发布了《学生标准》,创造性地提出未来学习者的七大角色[3]:赋权学习者、数字公民、知识建造者、创新设计者、计算思维者、创意沟通者、全

---

[1] 赵章靖,张珊.数字化背景下的教育政策与实践[N].光明日报,2022-08-11(14).
[2] 黄荣怀.未来学习,要构建智慧教育新生态[N].光明日报,2022-04-05(6).
[3] 尹睿.未来学习者,你准备好了吗:美国ISTE《学生标准》解读及启示[J].现代远程教育研究,2018(1):58.

球合作者。该标准旨在为学生学习赋权,淡化学生"技术素养",突出"学习法素养",体现学生信息技术与学习深度融合能力。[1]美国国际教育技术协会发布的《学生标准》,与其说是对学生适应数字社会"未来角色"的定位,不如说是对学生"未来如何学习"的透视。由此,我们认为,数字素养是指学生适应未来社会发展所应具备的新型学习素养,包括技术支持协作、批判性思维、解决实际问题和自主学习等综合能力。也是一系列个人认知、知识、技能、态度和价值观的集合,重点是通过数字技术融合、人机协同作用使学生获得个性化学习的能力,这是学生核心素养的集中体现,也是数字时代学生全面发展的关键支撑,堪称数字时代学会学习的"密码",必将成为增强国家核心竞争力的重要因素与个人生存发展的能力要求。教育数字化转型的核心是"人的数字化转型",就是要提高学生数字素养,培养面向未来的新型人才。以人工智能、大数据、云计算为代表的数字技术深刻影响着学生数字素养,开展学生数字素养影响因素分析,探究影响中小学生数字素养的关键要素和内在联系,是关乎教育数字化转型的重要现实问题。

二、研究假设与数据

(一)提出假设

加强学生数字素养是教育数字化转型的出发点与落脚点。在教育数字化转型中,数字技术推动教育生态多层次、全方位、立体化变革,不

---

[1] 王永军.技术赋能的未来学习者:新版ISTE学生标准解读及其对我国中小学学生信息化学习能力建设的启示[J].中国远程教育,2019(4):17.

仅要赋能教师教学,还要赋能学生学习,更要促进学生数字素养的发展。在这个大背景下,探索如何有效培养学生信息素养成为学校教育的重要内容[1],并为发展学生数字素养提供了前期实践支撑。学生信息素养的影响因素在学生个体层面包括性别、信息技术态度、信息技术自我效能感、信息技术使用行为等因素[2][3],教师层面包括将教学主动与信息技术高度融合、提高运用数字化教学资源的意识和能力[4],学校层面包括硬件设施条件、学校管理制度、学校环境、学校领导者态度等因素。

社会认知理论认为,人的学习是个体与情境相互作用而产生的。[5]无线网络已成为校园生活的重要组成部分,是师生获取资源和信息的主要途径。无线网络的应用能否成为提高教学效率的显著正增长因素,与教育模式、教学方式、学习环境等因素密切相关。只有教与学观念得到与无线校园网发展同步更新,无线网络对教学的作用和优势才能真正体现。[6]如今的移动技术、人工智能技术已经可以为个性化学习提供物理和社交环境,个性化自适应学习系统将成为以大数据为基础的新的教育

---

[1] 余亮,张媛媛,赵笃庆."互联网+"教学环境下初中生信息素养影响因素跟踪研究:基于学生个体和家庭层面的视角[J].现代远距离教育,2022(1):72.
[2] HATLEVIK OE, THRONDSEN I, LOI M, et al.Students' ICT self-efficacy and computer and information literacy: Determinants and relationships[J].Computers & Education,2018,118:107.
[3] 蒋龙艳,吴砥,朱莎.中学生信息素养水平的影响因素及其作用机制研究[J].中国电化教育,2020(9):112.
[4] 林坤,李雁翎,黄真金."互联网+教育"时代大学教师数字化教学资源运用能力研究[J].江苏高教,2017(10):56.
[5] 卢国庆,刘清堂,郑清,等.智能教室中环境感知及自我效能感对个体认知投入的影响研究[J].远程教育杂志,2021,39(3):87.
[6] 董发勤,刘健,唐继平.无线网络对高等教育教学方式的影响[J].江苏高教,2011(5):85.

技术范式。[1]智能设备的课堂融入,为人性化的学习环境创设带来活力。[2]有学者认为,智能教室教学系统的建构应该以提高学生学习成效为目标进行优化配置,在进行有效教学的同时,体现技术服务于教学的理念。[3]有效的具身认知环境——智慧课堂学习环境,可以提高学生参与性和主动性,学习效果明显,对培养学生创新思维和技术思维能力具有一定的影响。[4]

综合文献分析,我们认为,学校新基建情况(无线网络覆盖情况,智能教学场所建设情况,如智能教室、未来教室、创客空间、非正式学习区等)对学生数字素养可能存在影响。因此,本研究提出如下待检验假设。

H1:学校新基建越充足,学生数字素养越高。

课堂教学是学校教育的主阵地,数字技术的蓬勃发展促进了技术与教学深度融合,大大提高了课堂教学效率。有学者认为,数字技术已经成为教师教学创新的催化剂和主要抓手,它不仅能引发教学创新,同时也是教学创新的条件支撑。[5]智能终端确实是可以迅速地达到改变课堂教学状况的目的[6],APP客户端为师生搭建起多维度的交流渠道,为交

---

[1] 冷静,付楚昕,路晓旭.人工智能时代的个性化学习:访国际著名在线学习领域专家迈克·沙普尔斯教授[J].中国电化教育,2021(6):69.
[2] 胡艺龄,胡梦华,顾小清.兼容并包:从多元走向开放创新:美国AERA2018年会述评[J].远程教育杂志,2018,36(5):24.
[3] 胡卫星,田建林.智能教室系统的构建与应用模式研究[J].中国电化教育,2011(9):131.
[4] 李志河,李鹏媛,周娜娜,等.具身认知学习环境设计:特征、要素、应用及发展趋势[J].远程教育杂志,2018,36(5):81.
[5] 冯仰存,吴佳琦,曹凡,等.技术压力对教师数字化教学创新的影响研究:成长型思维、TPACK的调节效应[J].中国远程教育,2023,43(6):29.
[6] 林书兵,张学波.从问题到文化:智能终端进课堂的素养审视[J].中国电化教育,2020(4):62.

互教学和互动学习提供了强大的技术支持,使教学互动化成为现实。[1]教师教学走向智能化,学生学习趋向自主化,学习环境日益丰富化,学习资源更加多元化。[2]由此,我们认为,教师数字化教学实施频率(网络教学平台使用频率、学科教学APP使用频率)对学生数字素养可能存在影响。因此,本研究提出如下待检验假设。

H2:教师数字化教学实施频率越高,学生数字素养越高。

智能终端打破了学习时间和空间的限制,使学习者对学习内容的获取更加灵活,具有更多选择性。阿佩尔(Appel)调查显示,在校内学习过程中使用计算机与学生信息素养无显著关系[3],劳(Law)等的研究发现,除上课使用ICT和利用ICT查找信息两个维度对计算机与信息素养呈消极作用外,在校内学习与信息技术相关的任务、信息技术用于研究、利用ICT进行娱乐活动、使用ICT进行社交等信息技术使用行为均对计算机与信息素养存在积极作用。唐一鹏和胡咏梅对辽宁省、甘肃省、湖北省、福建省、四川省5个地区13所高中的2472名高中生调查发现,在信息素养的发展上呈现出明显的地区不均衡,西部地区与东中部地区之间的差距非常明显。[4]由此,我们认为,学生使用智能终端熟练度对学生数字素养可能存在影响。因此,本研究提出如下待检验假设。

H3:学生使用智能终端越熟练,学生数字素养越高。

---

[1] 葛珊.基于手机APP的英语翻转课堂教学模式研究[J].教学与管理,2018(24):108.

[2] 袁磊,张艳丽,罗刚.5G时代的教育场景要素变革与应对之策[J].远程教育杂志,2019,37(3):27.

[3] APPEL M.Are heavy users of computer games and social media more computer literate?[J].Computers & Education,2012,59(4):1339-1349.

[4] 唐一鹏,胡咏梅.国内高中生信息技术素养现状调查:基于五省调研样本的分析[J].上海教育科研,2013(8):38.

(二)变量选择与分析框架

影响学生数字素养的因素众多,通过文献梳理和理论分析,将在理论层面影响学生数字素养的重要因素纳入问卷,并对数据进行分析研究。当前,高速移动网络技术和人工智能的快速发展与普遍应用已经改变了人类的生活方式,对学生和教师群体也产生了很大影响。本研究认为,学校相关设施的建设情况、学生和教师对新技术的使用情况,都可能与学生数字素养存在某种形式的内在关联,因此,将这些方面作为变量纳入回归模型,探究它们是否影响学生数字素养。

学生数字素养主要包括学生利用数字技术解决实际问题的能力和开展个性化学习探索的能力。本研究以中小学校为研究对象,以学校新基建情况、教师数字化教学实施频率和学生使用智能终端熟练度为核心解释变量,以学校区域、学校城乡属性为控制变量,研究它们如何影响学生数字素养,以此构建学生未来数字素养概念模型。(见图6-1)

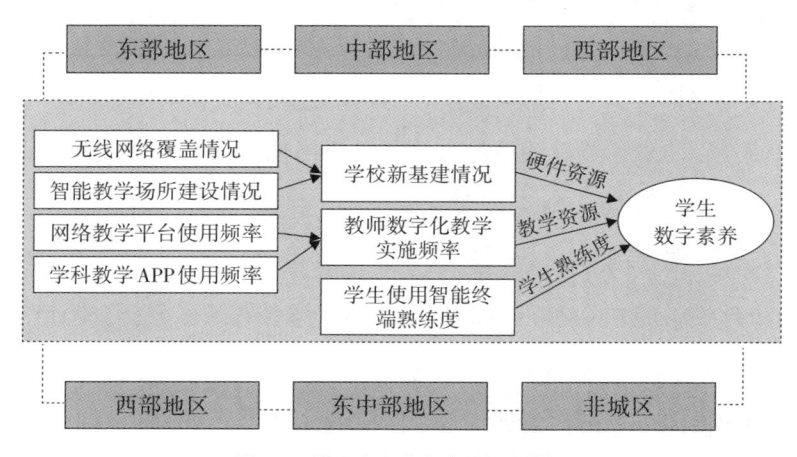

图6-1 学生未来数字素养概念模型

(三)数据来源与样本特征

本研究依托全国12个地区2505所中小学校的调查数据,数据填报以学校为单位,从校长或数字化负责人视角获取该校学生和教师日常行为与素养的相关信息,以用于分析研究。核心解释变量中,学校新基建情况变量类别由问卷收集到"无线网络覆盖情况"和"智能教学场所建设情况"数据联合划分。学校新基建情况变量值及其含义见表6-1。

表6-1 学校新基建情况变量值及值含义

变量值	值含义
0(无新基建)	学校无无线网络和智能教学场所
1(新基建不足)	学校只覆盖无线网络或者只建设有智能教学场所
2(新基建一般)	学校覆盖无线网络并建设有智能教学场所,但程度不高
3(新基建较为充足)	学校无线网络覆盖或者智能教学场所建设较好
4(新基建非常充足)	学校无线网络覆盖和智能教学场所建设很好

核心解释变量中,教师数字化教学实施频率量表采用5点计分,经反向计分后,0表示没有使用过,1表示几乎不用,2表示偶尔使用,3表示经常使用,4表示每天使用。即分值越大,说明教师数字化教学实施频率越高。对教师数字化教学实施频率量表进行因子分析可行性检验,Bartlett球性检验$P=0.000<0.001$,表明数据适合做因子分析。题目的可靠性分析α信度系数为0.818,表明题目信度较高。采用验证性因子分析对探索性因子分析结果进行有效性检验,RMSEA、SRMR、CFI以及TLI(NNFI)指数均拟合成功,可见模型得到了较好的拟合结果。(见表6-2)

表6-2 教师数字化教学实施频率量表信度检验结果

变量	问卷题项	因子载荷	方差贡献率	α信度系数	模型拟合结果
教师数字化教学实施频率	网络教学平台使用频率	0.891	79.39%	0.818	RMSEA=0.000<0.05 SRMR=0.000<0.05 CFI=1.000>0.90 TLI=1.000>0.90
	学科教学APP使用频率	0.891			

核心解释变量中,学生使用智能终端熟练度来源于问卷题项,采用5点计分,经反向计分后,1表示非常不熟练,2表示比较不熟练,3表示中立,4表示比较熟练,5表示非常熟练。即分值越大,说明学生使用智能终端熟练度越高。

调查对象样本中,东部地区学校1165所,占比约46.51%;中部地区学校768所,占比约30.66%;西部地区学校572所,占比约22.83%。城区学校1612所,占比约64.35%;农村学校620所,占比约24.75%;城乡接合部学校273所,占比约10.90%。其中东部地区包括北京市、浙江省等地区;中部地区包括河南省、湖南省等地区;西部地区包括四川省、新疆维吾尔自治区等地区。核心解释变量和控制变量的描述性分析结果见表6-3。

表6-3 变量说明及分析结果

变量类型	变量名称	样本量/所	变量赋值及范围	变量描述性结果
核心解释变量	学校新基建情况	2505	0—4,数值越大,学校新基建配备越充足	Mean=1.83 SD=0.678
	教师数字化教学实施频率	2505	因子分析标准化结果(-1.96, 2.04),数值越大,教师数字化教学实施频率越高	Mean=0.00 SD=1.187
	学生使用智能终端熟练度	2505	1—5,数值越大,学生使用智能终端设备越熟练	Mean=2.52 SD=0.905
控制变量	学校区域 东部地区	1165	1=东部地区	46.51%
	学校区域 中部地区	768	2=中部地区	30.66%
	学校区域 西部地区	572	3=西部地区	22.83%
	学校城乡属性 城区	1612	1=城区	64.35%
	学校城乡属性 农村	620	2=农村	24.75%
	学校城乡属性 城乡接合部	273	3=城乡接合部	10.90%

初步统计分析发现,学校新基建情况最小值为0,最大值为4,数值越大说明学校新基建配备越充足,均值为1.83,从平均水平来看,学校新

基建情况接近中等水平;教师数字化教学实施频率为因子分析拟合变量,数据标准化后,最小值为-1.96,最大值为2.04,均值0.00;学生使用智能终端熟练度最小值为1,最大值为5,均值2.52,从平均水平来看,学生使用智能终端熟练度接近中等水平。

三、模型构建与实证分析

(一)拟合学生数字素养

学生数字素养量表采用5点计分,经反向计分后,1表示非常不同意,2表示比较不同意,3表示中立,4表示比较同意,5表示非常同意。即分值越大,说明学生数字素养越高。

对学生数字素养量表进行因子分析可行性检验,Bartlett球形检验$P=0.000<0.001$,表明数据适合做因子分析。题目的可靠性分析α信度系数为0.871,表明题目信度较高。探索性因子分析结果显示,学生数字素养量表一共有两个公因子,第一个公因子特征值为1.78,方差贡献率为88.82%;第二个公因子特征值为0.22,方差贡献率为11.18%。第一个公因子特征值大于1,第二个公因子特征值小于1,因此,只考虑保留第一个公因子。采用验证性因子分析对探索性因子分析结果进行有效性检验,RMSEA、SRMR、CFI以及TLI(NNFI)指数均拟合成功,可见模型得到了较好的拟合结果。(见表6-4)

表6-4 学生数字素养量表信度检验结果

变量	问卷题项	因子载荷	方差贡献率	α信度系数	模型拟合结果
学生数字素养	学生利用数字技术解决实际问题的能力	0.942	88.82%	0.871	RMSEA=0.000<0.05 SRMR=0.000<0.05 CFI=1.000>0.90 TLI=1.000>0.90
	学生开展个性化学习探索的能力	0.942			

(二)模型构建与结果分析

对核心解释变量和控制变量进行多重共线性检验,分析结果显示,各变量的方差膨胀因子(VIF)均小于1.5,且各变量间的相关系数绝对值均小于0.5,可见不存在明显的共线性问题。相关系数R的值域为[-1, 1]。R绝对值越大,两个变量之间的相关关系越强。即各变量均与学生数字素养存在显著关系。(见表6-5、6-6)

表6-5 模型共线性检验

变量	变量英文	VIF	容忍度
学校新基建情况	new infra	1.02	0.978
教师数字化教学实施频率	digital teach	1.13	0.884
学生使用智能终端熟练度	intelligence use	1.28	0.783

续表

变量	变量英文	VIF	容忍度
学校城乡属性—农村	sch region2	1.19	0.840
学校城乡属性—城乡接合部	sch region3	1.05	0.951
学校区域—中部地区	sch area2	1.30	0.771
学校区域—西部地区	sch area3	1.25	0.803

表6-6 相关分析矩阵

	SDL	New infra	Digital teach	Intelligence use	Sch region	Sch area
SDL	1.000	—	—	—	—	—
New infra	−0.080***	1.000	—	—	—	—
Digital teach	0.388***	−0.092***	1.000	—	—	—
Intelligence use	0.462***	−0.067***	0.311***	1.000	—	—
Sch region	0.062**	0.014	0.037	0.184***	1.000	—
Sch area	0.052**	0.075***	−0.007	0.258***	0.115***	1.000

注:***、**、*分别代表显著性临界值为0.1%,1%,5%。

本研究采用多元回归模型,在引入控制变量后,探究学校新基建情况、教师数字化教学实施频率和学生使用智能终端熟练度对学生数字素养是否存在影响,从而验证假设。如公式(1)所示,其中"Control"表示一系列的控制变量(学校区域、学校城乡属性)。

公式(1)

$$SDL=\beta_1 \cdot \text{new infra}+\beta_2 \cdot \text{digital teach}+\beta_3 \cdot \text{intelligence use}+\sum \beta_4 \cdot \text{Control}+e_1$$

表6-7为各模型的回归结果。模型1为全样本回归结果,模型2、模型3、模型4分别是东部地区、中部地区、西部地区的回归结果。

从模型1的显著性看,模型检验F值=142.94,P检验值=0.000<0.001,在0.1%的显著性水平下模型显著。模型拟合优度R^2=0.286,调整后的拟合优度R^2=0.284,对于微观调查截面数据,模型对观测值的拟合程度可以接受。从变量的显著性看,学生使用智能终端熟练度与学生数字素养显著正相关,学生使用智能终端熟练度每提高1个单位,学生数字素养提高0.404个单位;教师数字化教学实施频率与学生数字素养显著正相关,教师数字化教学实施频率每提高1个单位,学生数字素养提高0.262个单位;学校新基建情况与学生数字素养无显著影响。可见,学生使用智能终端越熟练,学生数字素养越高;教师数字化教学实施频率越高,学生数字素养越高。另外,西部地区的学生数字素养明显低于东部地区,中部地区和东部地区的学生数字素养无显著差异。农村地区的学生数字素养显著低于城乡接合部。

从模型2、模型3、模型4的显著性看,各模型均在0.1%的显著性水平下显著,拟合优度也在可接受范围之内。从变量的显著性看,学生使用智能终端熟练度对学生数字素养的影响方面,首先是东部地区最大,其次是西部地区,再次是中部地区;教师数字化教学实施频率对学生数字素养的影响方面,首先是中部地区最大,其次是西部地区,再次是东部地区;学校新基建情况方面与学生数字素养在中部地区和西部地区均无显著影响。另外,东部地区和中部地区农村相比城区的学生数字素养均无显著差异,西部地区农村的学生数字素养显著低于城区;东部地区、中部地区、西部地区城乡接合部相比城区的学生数字素养均无显著差异。

综合来看,假设H1不能得到验证,即学校新基建情况与学生数字素养无显著影响;假设H2成立,即教师数字化教学实施频率越高,学生数字素养越高;假设H3成立,即学生使用智能终端越熟练,学生数字素养越高。

表6-7 模型回归结果

变量	模型1 全样本	模型2 东部地区	模型3 中部地区	模型4 西部地区
学校新基建情况	−0.028	−0.006	−0.040	−0.048
教师数字化教学实施频率	0.262***	0.148***	0.374***	0.332***
学生使用智能终端熟练度	0.404***	0.450***	0.323***	0.348***
农村	−0.066***	−0.032	−0.046	−0.093*
城乡接合部	0.015	−0.011	0.045	0.022
中部地区	−0.011	—	—	—
西部地区	−0.042*	—	—	—
模型检验F值	142.94***	82.50***	76.03***	51.62***
模型拟合优度R^2	0.286	0.263	0.333	0.313
调整后的拟合优度R^2	0.284	0.259	0.329	0.307
样本量	2505	1165	768	572

注:***、**、*分别代表显著性临界值为0.1%,1%,5%。

(三)稳健性检验

为检验模型回归结果的稳健性,本研究使用潜在类别分析方法将学校区位变量(学校城乡属性、学校区域)重新分类。潜在类别分析模型拟合结果如下:从 AIC、BIC 和 adjusted BIC 来看,3分类的数值最小,3分类的 LMR 和 BLRT 的 P 值也均小于0.05,表明3分类模型显著优于2分类模型,因此不考虑2分类模型。而4分类模型 LMR、BLRT 的 P 值均大于0.05,表明4分类模型不显著优于3分类模型,排除4分类模型;且3分类的 entropy 值高于0.80。综上分析选定3分类模型。(见表6-8)

表6-8 学校区位变量潜在类别模型拟合指标

类别	K	AIC	BIC	adjusted BIC	entropy	LMR (P)	BLRT (P)	类别概率
2分类	7	9837.148	9877.931	9855.690	0.989	<0.001	<0.001	0.644/ 0.356
3分类	10	9622.131	9680.392	9648.619	0.880	<0.001	<0.001	0.138/ 0.506/ 0.356
4分类	13	9628.131	9703.870	9662.565	0.905	0.500	1.000	0.000/ 0.179/ 0.355/ 0.466

选定的3分类模型将原有样本划分为3种类别,分别为类别1、类别2、类别3。再将新生成的类别变量与学校城乡属性、学校区域两个外显变量结合分析,发现变量之间存在关联,分析结果见下表6-9。类别1样本与学校城乡属性的"城区"、学校区域的"西部地区"样本重合,可见类别1样本均为地处西部城区的学校样本,将类别1重命名为"西部城区",同理,类别2重命名为"东中部城区"、类别3重命名为"非城区"。因此,可将样本重新分组为"西部城区""东中部城区""非城区",并采用多元回归模型再次对本研究的研究假设进行检验。

表6-9 学校属性类别特征分布

类别	城区	农村	城乡接合部	东部地区	中部地区	西部地区
类别1	345	0	0	0	0	345
类别2	1267	0	0	877	390	0
类别3	0	620	273	288	378	227

从重新分组后的模型回归结果来看,模型5—模型8中的模型检验F值均在0.1%的显著性水平下。各模型中学生使用智能终端熟练度、教师数字化教学实施频率与学生数字素养均显著正相关;学校新基建情况(除东中部城区)对学生数字素养均无显著影响。经对比,样本重新分组后回归模型与原回归结果基本一致,进一步验证了模型结论的稳健性。(见表6-10)

表6-10　重新分组后的模型回归结果

变量	模型5 全样本	模型6 西部城区	模型7 东中部城区	模型8 非城区
学校新基建情况	−0.028	−0.052	−0.049*	0.003
教师数字化教学实施频率	0.265***	0.398***	0.194***	0.317***
学生使用智能终端熟练度	0.391***	0.301***	0.439***	0.321***
非城区	−0.021	—	—	—
模型检验F值	196.38***	59.92***	169.54***	110.45***
模型拟合优度R^2	0.282	0.345	0.287	0.272
调整后的拟合优度R^2	0.281	0.339	0.285	0.269
样本量	2505	345	1267	893

注：***、**、*分别代表显著性临界值为0.1%、1%、5%。

四、讨论

本研究基于全国调查数据建立多元回归模型，分析了学校新基建情况、教师数字化教学实施频率和学生使用智能终端熟练度对学生数字素养的影响效应。现围绕研究结论进行讨论，以启发促进学生数字素养发展的政策取向。

（一）学校新基建情况对学生数字素养无显著影响

数据分析显示，学校新基建情况与学生数字素养无显著影响。从区域差异来看,学校新基建情况对学生数字素养在东部地区、中部地区、西部地区均无显著影响。这说明,新基建困境在东部地区、中部地区、西部地区都是共性问题。对于新基建而言,数字技术的应用潜力与空间究竟有多大,尚待进一步探索。近年来,教育新基建如火如荼地开展,成为数字化转型的关键支撑,但也出现了"重数量、轻质量""重形式、轻内涵"的倾向。当前,不论是传统教室还是多媒体教室,甚至是智能教学场所,仍然是单一地点和场景的教学环境,不同场域的教学过程割裂,教学交互不足,学习状态难以追踪。教室、学校、家庭甚至社会等正式、非正式学习区缺乏跨场域的连通性,难以协同联动。尽管中小学校的无线网络覆盖率越来越高,但主要以服务教师教学、学校管理为中心,而非以赋能学生学习为中心,优先保障的是教师教学和学校管理,对提升学生使用数字技术开展个性化学习和解决实际问题能力帮助有限,没有发挥出技术变革的作用。新基建没有从"大干快上"的速度情结中走出来,追求形式、忽略实质,边际贡献率低,尚处于"花瓶"角色。当然,新基建与学生数字素养之间的关系错综复杂,两者之间或许并不存在直接影响。但从数据建模分析结果来看,越完备的学校新基建越没有提高学生数字素养,这是一个值得高度关注的问题。

(二)教师数字化教学实施频率越高,学生数字素养越高

从数据分析来看,教师数字化教学实施频率与学生数字素养显著正相关,相关系数为0.388,教师数字化教学实施频率每提高1个单位,学生数字素养提高0.262个单位。从区域差异来看,教师数字化教学实施频率对学生数字素养的影响:首先是中部地区,其次是西部地区,再次是东部地区。从整体上来看,西部地区的学生数字素养显著低于东部地区,中部地区和东部地区的学生数字素养无显著差异。教师在数字化教学过程中灵活应用大数据、人工智能等技术,对学生的学习行为进行精准画像,定制个性化学习方案,真正实现规模化因材施教,不仅提高了教学效率和教学质量,促进了教育公平,而且教师以自身的数字化教学能力和素质影响着学生的认知、知识、技能、态度和价值观。教师实施数字化教学,丰富了学生的学习方式,增强了学生的互动和参与意识,提升了学生的深度思考和自主探究能力。

(三)学生使用智能终端越熟练,学生数字素养越高

从数据分析来看,学生使用智能终端熟练度与学生数字素养显著正相关,相关系数为0.462,学生使用智能终端熟练度每提高1个单位,学生数字素养提高0.404个单位。从区域差异来看,学生使用智能终端熟练度对学生数字素养的影响:首先是东部地区,其次是西部地区,再次是中部地区。中部地区的影响最弱,呈现"中部凹陷"的特征。利用数字技术解决问题的能力被视为未来人才的核心素养,一个人如果不具备良好的数字素养,势必会成为这个时代的"功能性文盲",最终被未来社会所淘汰。数字技术使随时随地的泛在学习成为可能,智能终端的熟练使用让学习成为更加灵活和便捷的过程,学生可以根据自己的需求和兴趣发现问题、提出问题,并自我指导地解决问题。这种学生自觉地自我主导的学习过程,无疑对提高数字素养大有裨益。

五、发展学生数字素养的建议

（一）引导学生使用智能终端开展创新性学习活动

在培养学生数字素养的过程中，要突破技术的工具认知，注重提高学生利用数字技术建构知识、解决真实问题的能力，而不是学生掌握数字技术的熟练程度。加强智能时代学生的认知规律、学习行为的研究，促进学生在教师指导下主动地、富有个性地学习，着力增强学生数字化学习能力，推动学生熟练利用数字技术开展深度学习、跨学科学习和无边界学习，从"学以致用"走向"用以致学"。[1]利用数字技术赋能新型教与学模式，构建丰富多元的学习场景，引导学生熟练使用各种智能终端，开展基于真实情境的探究式学习，激发学生学习内驱力，使教学更高效、育人更精准，从"任务驱动"走向"自我导向"，把学生从知识的被动接受者变成主动探究者，让每一位学生都能以适合自己的认知方式进行个性化学习。在国家层面制定的教育数字化战略规划与实施方案中，根据地区差异因地制宜地对中部地区予以特别关注，优先部署智能终端，深化数字化教学创新，助力学生数字素养的"中部崛起"。在信息化基本设施的"物理接入"后，需进一步把重心放在信息技术的"使用接入"上，[2]立足学生本位，加强智能终端配置，在区域、城乡、校际之间共享优质资源，注重中部地区学生的智能终端应用能力培养，扩大优质教育资源受益面。

---

[1] 曹培杰.智慧教育：人工智能时代的教育变革[J].教育研究,2018,39(8):121.
[2] 王亚鑫.中部地区基础教育信息化城乡发展差异及影响因素研究[D].武汉：华中师范大学,2020.

（二）发挥数字技术功能性和教师教学灵活性的优势

教师数字素养是提升学生数字素养的关键变量。教师在教学实践中要养成主动获取数字化学习资源的习惯,有意识地运用数字技术,增强数字化教学能力,同时,积极提高学生数字化资源的利用能力。把数字技术应用能力提高到教师专业发展的核心竞争力高度并加以重视。研发教师数字素养的伴随式智能测评工具,建立面向终身学习的教师数字素养发展档案,[①]帮助教师实现数字技术与教育教学的融合创新,充分发挥数字技术功能性和教师灵活性的优势。中西部教师要积极利用数字技术提升学生数字素养,善于在日常教学中寻找机会,通过数字资源这一媒介与学生共同发展数字素养,实现教学相长。同时,要积极探索资源整合新路径、新模式,打破区域壁垒,搭建优质数字资源共享平台,把优质数字教育资源的"珍珠"串成"项链",充分发挥"助学、助教、助研、助管、助交流合作"的作用。

（三）树立以学习者为中心、以常态应用为导向的教育新基建原则

经过长期的不懈努力,数字技术层面的"数字鸿沟"得到了有效缓解,但"数字应用鸿沟"逐渐凸显,正在成为教育数字化转型过程中的主要矛盾,这可能会进一步诱发"数字思维鸿沟"。从这个角度看,新基建"建得多、用得少、效果差"的突出问题,必须花大力气加以解决。

对学校教育数字化转型来说,重点是推动5G、物联网、大数据、云计算、人工智能等新一代数字技术的应用,优化和升级基本设施、硬件设

---

① 胡小勇,李婉怡,周妍妮.教师数字素养培养研究:国际政策、焦点问题与发展策略[J].国家教育行政学院学报,2023(4):53.

备、网络条件、智能工具、学习平台等,持续建设智慧校园、智慧教室和智慧生活场所,打造时空和教学深度融合、线下和线上虚实融合的智能学习空间,推进场景式、体验式、沉浸式教学。[①]要本着简洁高效、发挥作用的原则加速推进教育数字化战略行动,优化智能教学场所建设,充分融合校园物理环境、教室教学环境、网络学习环境,牢牢树立以学习者为中心、以常态应用为导向的新基建原则,精心发掘新基建的最佳潜能,使学生结合自身兴趣主动开展自主性学习活动,并从技术使用走向技术创造,增强学生在正式或非正式学习情境中的数字适应力、胜任力、创造力,提升学生数字素养。要坚持应用为王、综合集成,整体推进新基建提档升级,真正照顾到学生的主体地位,构建真实、交互、协同的智能教育环境,形成全方位赋能、根本性重塑的变革态势,实现更具人文关怀的优质教学服务与美好学习体验,确保相应的新基建符合教育的公共利益属性及学生数字素养发展要求,释放新基建提升学生数字素养的巨大潜能。

总之,提升学生数字素养,是推进教育数字化的出发点和落脚点。教育数字化不是为了基础设施的数字化升级,而是教育体系的数字化转型、系统化重塑,关键是用数字技术赋能教育,促进数字技术与教育教学的融合创新发展,增强学生在数字社会的生存、竞争和可持续发展能力,以数字素养奠基未来。

[①] 黄荣怀.未来学习,要构建智慧教育新生态[N].光明日报,2022-04-05(6).

第七章　基础教育数字化转型路径探析

目前,我国基础教育数字化总体处于基本融合阶段,距离深度融合和结构转型仍有一段差距。结合调查数据和学理分析,探索基础教育数字化转型路径,通过学习环境重构、教学方式变革和教育治理创新,大力推动"工业化教育"迈向"智慧型教育",最终形成适应数字时代的教育新形态。回顾历史,现代学校教育体系形成于工业时代早期,通过统一化、标准化教学,"多快好省"培养人才,为经济社会发展提供了不可或缺的人力资源支撑,但表现出"四个脱节":一、学科间脱节,学科过度细分和缺乏衔接导致知识碎片化,学生难以建立完整的知识体系,更难以将不同学科知识进行整合运用;二、学段间脱节,不同学段间完整的知识、能力、思维训练贯通不够;三、知行间脱节,教育培养学生内在品质与外在行为缺乏一致性;四、理论与实践脱节,缺乏对综合运用知识创造性解决问题能力的培养。[①]究其根源,工业时代的教育理念和教育体系无法适应数字时代的发展,修修补补的办法难以奏效,塑造数字时代教育新形态成为解决教育领域深层次矛盾的成败关键。

---

① 李永智.教育数字化转型的构想与实践探索[J].人民教育,2022(7):14.

一、新型学习环境:从基础设施建设到学习场景构建

学习环境重构是基础教育数字化转型的基础前提。过去,一支粉笔、一块黑板、一群学生、一位教师,就形成了常见的教育场景。现在,全国中小学校大部分联网,约99.50%的中小学校拥有多媒体教室,学校已基本具备网络教学环境。国家智慧教育公共服务平台正式上线,已汇集基础教育约3.4万条资源,有效扩大了优质教育资源覆盖面,夯实了基础教育高质量发展的数字底座。未来,基础教育数字化转型将打破校园边界,构建智能敏捷、虚实融合的新型教育基础设施,推进智慧校园、创客空间等新型教育空间和网络学习空间的规模化部署[1],实现学校教育场景与网络学习场景、社会实践场景的有机结合,形成以学习者为中心的学习环境。

一方面,有效集成平台技术功能。目前,许多教育平台缺乏统一的技术标准,各自为政、条块分割,出现了"僵尸平台""信息孤岛""数据烟囱"等现象。特别是,现有教育平台的功能大多局限于支持传统教与学的方式,对师生深层次交互和学生个性探究的支撑明显不足。因此,要进一步升级教育平台功能,全面整合各类教育资源、管理、服务平台,统筹推进业务融合和数据共享。统一身份认证,明确数据规范和接口标准,加强系统整合和集约管理,推动实现全流程业务协同。依托人工智能大模型技术,开发智能导师和虚拟学伴,开展人机协同的深度对话互动,实现平台功能从"辅助教学"向"促进交互"的跨越。

另一方面,打造协同育人大场景。在数字时代,教育服务供给呈现

---

[1] 曹培杰.智慧教育:人工智能时代的教育变革[J].教育研究,2018,39(8):121.

出信息贡献草根化、信息生产众筹化、信息选择个性化、连接关系网络化、信息与行为的可量化等新特征[1]，越来越多的教育服务由社会机构和专业人士提供。人人都是知识消费者，也是知识生产者，初步形成了社会化协同的教育分工形态。[2]要大力推进教育服务供给社会化，依托数字技术打造新型育人平台，引导科研院所、高新企业、行业协会等专业力量参与教育服务，将先进教育理念转化为数字教育资源、智能平台工具和学习指导服务。支持学校购买教育服务，将符合条件的在线课程、学习指导、生涯规划、综合素质评价等教育服务纳入学校教育，引导社会力量成为教育改革创新的"同盟军"与"合伙人"。

二、新型教学模式：从统一化标准教学到规模化因材施教

教学模式变革是基础教育数字化转型的关键环节。随着人工智能、大数据等新技术越来越多地融入教育教学，"基于经验的教学"开始转向"数据驱动的学习"，并正在引发自19世纪形成的班级授课制以来的新一轮"课堂革命"。未来，教学将突破以班级为核心的集中授课模式，根据学生需求定制个性化学习方案，进一步形成跨班级、混龄式、自组织的教学组织方式，推动统一化标准教学走向大规模个性学习，让规模化因材施教成为现实。

一方面，重新定位技术角色。一些学校盲目引入"高大上"的新技术，但技术应用过于简单粗暴，陷入"为技术而用技术"的困境，甚至导致

---

[1] 陈丽,逯行,郑勤华."互联网+教育"的知识观:知识回归与知识进化[J].中国远程教育,2019(7):11.
[2] 余胜泉,汪晓凤."互联网+"时代的教育供给转型与变革[J].开放教育研究,2017,23(1):33.

"精准学习"变成了"精准应试""高效刷题"。数字化教学必须重新定位技术角色,把人机协同、虚实融合、跨界创新等理念融入教学全过程,突破校园和教室的边界,重组教学流程,重塑课堂形态,将数字技术从接收信息的终端变成连接世界的窗口。为此,要充分发挥数字技术对课堂教学的赋能优化和创新引领作用,利用大数据技术在自然情境下采集多模态、全过程学习数据,分析学生认知特征和学习状态,构建自适应学习模型,为学生提供个性化学习方案。利用人工智能技术对知识内容进行特征标记和属性分析,建立学科知识图谱,绘制学生数字画像,精准推送学习资源和指导服务,最大限度地满足多元化学习需求。利用情感计算技术,注重分析学生的非认知特征和社会情感素养,匹配适合的学伴和导师,让冷冰冰的数字技术应用变成智慧感知的学生成长助理。用互联网思维建设未来学校,将学校打造成学习中心,主动连接博物馆、科技馆、艺术馆、科创中心、实践基地等社会资源,让全世界都变成学生成长的大课堂。

另一方面,创新教学组织方式。数字化教学不同于传统教学,如何激发学生主动参与、实现深度学习才是关键。为此,我们建议,要把握数字技术支持下教与学的新规律,进一步探明数字环境下"人是如何学习的",以新技术构建新型教与学模式,把科技赋能的重点从"统一化的教"转向"个性化的学"。[①]融合线上线下教学的差别优势,在学校教育中广泛开展项目式学习、大单元教学、跨学科学习等,灵活设置课程主题、教学计划和课时安排,引导学生积极主动参与教学活动,不断提高课堂教

---

① 曹培杰.人工智能教育变革的三重境界[J].教育研究,2020,41(2):146.

学效果。打破学校、班级、学科的界限,按时开展跨班级共享教师、跨学校选修课程、跨区域协同教学等,逐步形成区别于班级授课制的新型教学组织,让好奇心驱动的学习自然发生。

三、新型教育治理:从单向行政管理到多元协商共治

教育治理创新是基础教育数字化转型的重要保障。未来,基础教育数字化转型将改变传统教育管理模式,通过扁平式组织、前瞻性调控和自动化响应,开展数据驱动的科学决策,实施跨地区、跨部门、跨层级业务联动,建立向善向美的教育科技伦理规范,提升教育治理现代化水平,实现多元协商共治,发展有温度的数字化教育。[1]

一方面,破除教育管理效率崇拜。在数字技术支持下,教育管理流程不断优化、分工不断细化,但数据要素和信息要素在教育治理中的作用尚未充分发挥,新旧技术应用衔接不足,业务壁垒依然存在,社会参与度明显不足,"重管理、轻服务"现象普遍存在。要利用数字技术打通业务壁垒和管理层级,减少专业分工带来的能力僵化,构建人机协同的群智决策系统,用前瞻的宏观调控取代滞后的微观管控,减少教育行政部门对学校办学的直接干预,实现政府放权与学校接权的有序衔接。在依法治教的前提下,允许"一地一策""一校一策",甚至"一人一策",让规则为人服务,充分激发教育活力。优化智慧教育公共服务供给,缩小区域、城乡、校际之间的"数字鸿沟",让教育发展成果更多更公平地惠及全体人民。

---

[1] 袁振国.数字化转型视野下的教育治理[J].中国教育学刊,2022(8):1.

另一方面,防范化解技术应用风险。教育数字化转型将改变"教师、学生、教学内容"的教育三要素结构,人类教师、智能导师、智能学伴、学生、教学内容、智能学习环境等成为教育教学活动的要素,不同要素形成新的组合形态,可能会引发教育伦理风险和人机关系不适,包括"处境不利""学生遭遇算法偏见""黑科技变成了师生监控器"等,形成了深层次的教育不公平,并对教育数字化转型的健康持续发展带来严峻挑战。要将科技伦理融入教育数字化全过程各环节,明确教师、学生、教育管理者等主体的职责边界,尊重并保障师生的隐私、尊严、安全等权利,引导师生合理、合法地使用技术,正确看待、处理自身与智能技术的协同关系,防止技术使用不当对师生权益造成侵害。强化新技术风险评估,对在线学习过程中的数据采集、网络安全、隐私保护等进行规约,制定数据偏倚检测、教育算法审核、技术可信验证等方面的规范流程,防止歧视和偏见。构建数字教育安全保障体系,健全网络安全管理机制,提升核心技术自主可控能力,强化智能防护技术应用,切实筑牢数字教育安全防线。加快推进相关法律制度建设,构建包容、公平、安全的数字教育治理体系。

总之,本研究在基础教育数字化融合指数的模型构建和实证分析上取得了较大进展,但仍存在不足,主要体现在:由于研究对象主要是中小学校的管理者,取样难度大,难以完全按照随机抽样方法进行抽样。考虑到可行性,本研究选取了12个地区的2505所中小学校。这些样本学校尽管有一定的代表性,但可能会出现抽样偏差,无法完全精确地呈现出各地基础教育数字化的融合情况。同时,教育数字化发展有着鲜明的时代性,每个阶段都会有一些新特征和新趋势,这必然会赋予基础教育数字化融合指数新的内涵。下一步,我们将结合教育数字化从联结为先、内容为本、合作为要的"3C"迈向集成化、智能化、国际化的"3I",注重理念引领,完善指标体系,在更大范围内开展基础教育数字化融合指数的实效性检验,并根据实际情况对指标体系进行改进和优化,从而精准地诊断基础教育数字化存在的问题与困难,提出针对性建议,为国家教育数字化战略的持续有效开展提供参考。

参考文献

中文文献

[1] 曹培杰. 人工智能教育变革的三重境界[J]. 教育研究, 2020, 41(2): 143-150.

[2] 曹培杰. 未来学校的变革路径:"互联网+教育"的定位与持续发展[J]. 教育研究, 2016, 37(10): 46-51.

[3] 曹培杰. 智慧教育:人工智能时代的教育变革[J]. 教育研究, 2018, 39(8): 121-128.

[4] 董发勤, 刘健, 唐继平. 无线网络对高等教育教学方式的影响[J]. 江苏高教, 2011(5): 83-85.

[5] 范福兰. 我国教育信息化实证测评与发展战略研究[D]. 武汉:华中师范大学, 2016.

[6] 冯仰存, 任友群. 教育信息化2.0时代的教育扶智:消除三层鸿沟,阻断贫困传递:《教育信息化2.0行动计划》解读之三[J]. 远程教育杂志, 2018, 36(4): 20-26.

[7] 冯仰存, 吴佳琦, 曹凡, 等. 技术压力对教师数字化教学创新的影响研究:成长型思维、TPACK的调节效应[J]. 中国远程教育, 2023, 43(6): 29-38.

[8] 葛珊. 基于手机APP的英语翻转课堂教学模式研究[J]. 教学与管理, 2018(24): 107-109.

[9] 顾小清, 林阳, 祝智庭. 区域教育信息化效益评估模型构建[J]. 中国电化教育, 2007(5): 23-27.

[10] 顾小清. 教育信息化建设项目评估:国际研究现状调查[J]. 电化教育研究, 2006(8): 40-44.

[11]郭绍青,张进良,郭炯,等.网络学习空间变革学校教育的路径与政策保障:网络学习空间内涵与学校教育发展研究之七[J].电化教育研究,2017,38(8):55-62.

[12]胡钦太,张晓梅.教育信息化2.0的内涵解读、思维模式和系统性变革[J].现代远程教育研究,2018(6):12-20.

[13]胡卫星,田建林.智能教室系统的构建与应用模式研究[J].中国电化教育,2011(9):127-132.

[14]胡小勇,李婉怡,周妍妮.教师数字素养培养研究:国际政策、焦点问题与发展策略[J].国家教育行政学院学报,2023(4):47-56.

[15]胡艺龄,胡梦华,顾小清.兼容并包:从多元走向开放创新——美国AERA2018年会述评[J].远程教育杂志,2018,36(5):15-26.

[16]黄荣怀,王晓晨,周颖,等.数字一代学生网络生活方式研究:北京市中小学生网络生活方式的现状调查[J].电化教育研究,2014,35(1):33-37.

[17]黄荣怀.未来学习,要构建智慧教育新生态[N].光明日报,2022-04-05(6).

[18]蒋东兴,吴海燕,袁芳,等.高校智慧校园成熟度模型与评价指标体系研究[J].郑州大学学报(工学版),2017,38(2):1-4.

[19]蒋龙艳,吴砥,朱莎.中学生信息素养水平的影响因素及其作用机制研究[J].中国电化教育,2020(9):112-118.

[20]冷静,付楚昕,路晓旭.人工智能时代的个性化学习:访国际著名在线学习领域专家迈克·沙普尔斯教授[J].中国电化教育,2021(6):69-74.

[21]李永智.教育数字化转型的构想与实践探索[J].人民教育,2022(7):13-21.

[22]李志河,李鹏媛,周娜娜,等.具身认知学习环境设计:特征、要素、应用及发展趋势[J].远程教育杂志,2018,36(5):81-90.

[23]联合国教科文组织.反思教育:向"全球共同利益"的理念转变?[M].联合国教科文组织总部中文科,译.北京:教育科学出版社,2017.

[24]林坤,李雁翎,黄真金."互联网+教育"时代大学教师数字化教学资源运用能力研究[J].江苏高教,2017(10):56-59.

[25]林书兵,张学波.从问题到文化:智能终端进课堂的素养审视[J].中国电化教育,2020(4):60-67.

[26]林永毅,李敏强.企业业务流程管理成熟度模型研究[J].现代管理科学,2008(7):93-94.

[27]刘邦奇,胡健,袁婷婷,等.教育数字基座赋能数字化转型:内涵、框架及典型场景[J].开放教育研究,2023,29(6):101.

[28]卢国庆,刘清堂,郑清,等.智能教室中环境感知及自我效能感对个体认知投入的影响研究[J].远程教育杂志,2021,39(3):84-93.

[29]罗陆慧英.信息科技在教学中的应用:国际比较研究[J].教育研究,2010,31(1):83-90.

[30]苏珊,马志强.高等教育数字化转型的国际经验:基于CIPP模型的实践案例[J].中国教育信息化,2022,28(8):18-24.

[31]唐一鹏,胡咏梅.国内高中生信息技术素养现状调查:基于五省调研样本的分析[J].上海教育科研,2013(8):37-39.

[32]万力勇,范福兰.教育数字化转型成熟度模型的构建与应用[J].远程教育杂志,2023,41(2):3-12.

[33]汪琼,陈瑞江,刘娜,等.STaR评估与教育信息化研究[J].开放教育研究,2004(4):10-14.

[34]王良元.诺兰模型与企业信息化三段理论[J].科技与管理,2009,11(1):35-37.

[35]王美,徐光涛,任友群,等.信息技术促进教育公平:一剂良药抑或一把双刃剑[J].全球教育展望,2014,43(2):39-49.

[36]王炜,黄黎茵.国内外基础教育信息化评估述评[J].中国信息技术教育,2008(12):

13-15.

[37]王亚鑫.中部地区基础教育信息化城乡发展差异及影响因素研究[D].武汉:华中师范大学,2020.

[38]王永军.技术赋能的未来学习者:新版ISTE学生标准解读及其对我国中小学学生信息化学习能力建设的启示[J].中国远程教育,2019(4):17-24.

[39]王珠珠,刘雍潜,黄荣怀,等.《中小学教育信息化建设与应用状况的调查研究》报告(上)[J].中国电化教育,2005(10):25-32.

[40]吴砥,邢单霞,阳小,等.教育信息化指数构建及应用研究[J].电化教育研究,2020,41(1):53-59.

[41]吴砥,余丽芹,李枞枞,等.发达国家教育信息化政策的推进路径及启示[J].电化教育研究,2017,38(9):5-13.

[42]吴康宁.信息技术"进入"教学的四种类型[J].课程·教材·教法,2012,32(2):10-14.

[43]吴永和,许秋璇,王珠珠,等.教育数字化转型成熟度模型研究[J].华东师范大学学报(教育科学版),2023,41(3):25-35.

[44]肖远军.CIPP教育评价模式探析[J].教育科学,2003,19(3):42-45.

[45]谢娟,张婷,程凤农,等.基于CIPP的翻转课堂教学评价体系构建[J].现代远程教育研究,2017(5):95-103.

[46]杨宗凯,杨浩,吴砥,等.论信息技术与当代教育的深度融合[J].教育研究,2014,35(3):88-95.

[47]杨宗凯.高等教育数字化发展:内涵、阶段与实施路径[J].中国高等教育,2023(2):16.

[48]杨宗凯.借助信息化再造教育流程(凭栏处)[N].人民日报,2016-03-31(18).

[49]尹睿.未来学习者,你准备好了吗:美国ISTE《学生标准》解读及启示[J].现代远程教育研究,2018(1):58-67.

[50]余亮,张媛媛,赵笃庆."互联网+"教学环境下初中生信息素养影响因素跟踪研究:基于学生个体和家庭层面的视角[J].现代远距离教育,2022(1):64-74.

[51]余胜泉,汪晓凤."互联网+"时代的教育供给转型与变革[J].开放教育研究,2017,23(1):29-36.

[52]余胜泉.推进技术与教育的双向融合:《教育信息化十年发展规划(2011—2020年)》解读[J].中国电化教育,2012(5):5-14.

[53]郁晓华,张润芝,祝智庭,等.教育信息化竞争力的模型设计与国际指标比较[J].中国教育信息化,2009(17):4-11.

[54]袁磊,张艳丽,罗刚.5G时代的教育场景要素变革与应对之策[J].远程教育杂志,2019,37(3):27-37.

[55]袁振国.教育数字化转型:转什么,怎么转[J].华东师范大学学报(教育科学版),2023,41(3):1-11.

[56]袁振国.数字化转型视野下的教育治理[J].中国教育学刊,2022(8):1-6.

[57]张晨婧仔,王瑛,汪晓东,等.国内外教育信息化评价的政策比较、发展趋势与启示[J].远程教育杂志,2015,33(4):22-33.

[58]张济洲,黄书光.隐蔽的再生产:教育公平的影响机制:基于城乡不同阶层学生互联网使用偏好的实证研究[J].中国电化教育,2018(11):18-23.

[59]赵章靖,张珊.数字化背景下的教育政策与实践[N].光明日报,2022-08-11(14).

[60]郑凯,聂瑞华.基于诺兰模型的高校信息化发展现状及趋势分析[J].中国教育信息化,2009(21):13-15.

[61]钟志贤,卢洪艳,张义,等.教育数字化转型成熟度模型研究:基于国内外文献的系统性分析[J].电化教育研究,2023,44(6):29-37.

[62]周洪宇.信息技术与教育深度融合的政策建议[J].人民教育,2014(7):11-14.

[63]祝新宇,曾天山.义务教育学校信息化发展状况监测指标研究[J].中国电化教育,2018(9):56-60.

[64]祝智庭,胡姣.教育数字化转型的本质探析与研究展望[J].中国电化教育,2022(4):1-8.

[65]祝智庭,孙梦,袁莉.让理念照进现实:教育数字化转型框架设计及成熟度模型构建[J].现代远程教育研究,2022,34(6):3-11.

外文文献

[1]APPEL M.Are heavy users of computer games and social media more computer literate? [J].Computers & Education,2012,59(4):1339-1349.

[2]FRAILLON J,AINLEY J,SCHULZ W, et al.IEA International Computer and Information Literacy Study 2018 Assessment Framework[M].Cham,Switzerland.: Springer Nature Switzer Land AG,2019.

[3]HATLEVIK OE, THRONDSEN I, LOT M, et al.Students'ICT self-efficacy and computer and information literacy: Determinants and relationships[J].Computers & Education,2018,118:107-119.

[4]LAW N,YUEN J, LEE Y.E-Learning Pedagogy and School Leadership Practices to Improve Hong Kong Students'Computer and Information Literacy: Findings from ICILS 2013 and beyond [M]. Hong Kong: Centre for Information Technology in Education (CITE),Faculty of Education,The University of Hong Kong,2015.

[5]MARSHALL S, MITCHELL G.An E-Learning Maturity Model[C]//Proceedings of the 19th Annual Conference of the Australian Society for Computers in Learning in Tertiary Education, Auckland, New Zealand, 2002.

[6]OECD.Students, Computers and Learning: Making the Connection[M].Paris: PISA OECD Publishing, 2015.

[7]SONG K S., KIM H S, SEO J, et al. Development and pilot test of ICT in education readiness indicators in the global context[J]. KEDI Journal of Educational Policy, 2013, 10(2):243-265.

[8]UNESCO Institute for Statistics. Guide to Measuring Information and Communication Technologies (ICT) in Education[M]. Montreal, Quebec: UNIESCO Institute for Statistics, 2009.